本书思维导图

文案创造销量

- 序言与前言
  - 关于文案写作你必须记住的四件事
    - 文案写作的目的是推销
    - 我们必须关注消费者
    - 美好的事物都是小包装的
    - 大多数人缺乏文案写作必需的技能和经验
  - 移动互联时代的文案写作
    - 所有内容都要有标题
    - 电子邮件的主题行
    - 语言风格和语气
    - 篇幅
    - 超链接
- 第一部分 重点不是你
  - 第1章 大多数文案容易出错的地方
  - 第2章 有关人性的几点思考
    - 人们真正感兴趣的是什么
    - 爱上“恶人”，然后把东西卖给他们
  - 第3章 了解你的消费者
    - 什么能让消费者心动
    - 怎样去了解消费者
      - 找准构思方案的方式
      - 接地气
    - 与你的销售团队沟通
    - 多重消费者问题
  - 第4章 谈谈B2B文案写作
  - 第5章 为什么利益描述胜于属性描述
- 第二部分 你说你没做计划是什么意思
  - 第6章 好吧，但是你想说什么
    - 先想后写
    - 开始的时候要手写，而不是机写
    - 列出大纲
    - 计划成形
  - 第7章 确立目标
    - 光有创意不顶用
    - SMART目标
  - 第8章 制订完美写作计划的快餐联想记忆法
  - 第9章 要清楚你究竟在推销什么
    - 去展示，别干说
    - 利用消极后果
  - 第10章 用文案必杀技AIDCA来设计文案结构
    - A：引起消费者的关注
      - 什么样的标题最有效
      - 什么时候写标题
      - 标题应该写几个字
      - 用图片吸引顾客
    - I：让消费者对产品感兴趣
      - 确保你的文案做到FAB
      - 什么是产品利益
      - 可以作为卖点的三种利益NIB
    - D：激发消费者的购买欲望
      - 贴近生活
      - 限制供应
    - C：说服消费者下决心购买
      - 用户好评
      - 开门见山
      - 还有什么能帮助你说服消费者
    - A：让消费者行动起来，下单！
- 第三部分 有效的和无效的写作技巧
  - 第11章 有效的写作技巧
    - 有效的写作技巧一：始终关注消费者
    - 有效的写作技巧二：简洁
    - 有效的写作技巧三：长篇文案
    - 有效的写作技巧四：讲故事
    - 有效的写作技巧五：提问题
      - 封闭式问题
      - 选择式问题
      - 开放式问题
    - 有效的写作技巧六：建立友好关系
    - 有效的写作技巧七：新鲜的创意
  - 第12章 无效的写作技巧
    - 无效的写作技巧一：文笔华丽
    - 无效的写作技巧二：滥用术语
    - 无效的写作技巧三：绕弯子说话
    - 无效的写作技巧四：讲自己的感受
    - 无效的写作技巧五：套用样板文本
    - 无效的写作技巧六：“激动人心”
    - 无效的写作技巧七：幽默
    - 无效的写作技巧八：主观
- 第四部分 好了，开始写文案吧
  - 第13章 黑魔法和魔力词
    - 5个吸引消费者的“黑魔法”
      - 分段列举
      - 在段落结尾处留下悬念
      - 在每页结尾处把句子断开
      - 承诺后面会有好东西
      - 翻页提示语
    - 打造优秀文案的6个魔力词
      - 简便
      - 快
      - 免费
      - 现在
      - 请
      - 保证
  - 第14章 爆米花写作法则
    - 多用力量型词语，来激发消费者的感情
    - 多用个性化的词语，让消费者感到有人情味
    - 多用动词，少用名词
    - 多用日常词汇
    - 多用肯定的语言，少用否定的语言
  - 第15章 奥威尔写作规则
    - 规则一：不要使用在出版物中常见的比喻或其他修辞
      - 二手比喻
      - 错误比喻
      - 套话
    - 规则二：如果常用词即可达意，那就不要使用非常用词
    - 规则三：如果可以减少一个词，尽量将这个词删掉
      - 不要使用没有意义的形容词
      - 停止啰嗦
      - 慎用抽象名词
    - 规则四：如果能使用主动语态，就不要使用被动语态
    - 规则五：如果可以用日常词汇，就不要使用外科学词汇或者术语
    - 规则六：宁可打破上述所有规则，也不能过分沉重
  - 第16章 语气的处理
- 第五部分 打磨、抛光、定型
  - 第17章 编辑你的作品
    - 应该写多长
    - 为什么要删减
    - 何时可以定稿
  - 第18章 校对
    - 检查错别字
    - 如果我总爱写错别字怎么办
  - 第19章 检查可读性
  - 第20章 排版——你能做些什么
    - 善用导读工具
      - 目录
      - 脚注
      - 彩色编码
      - 箭头
      - 图形
      - 标题
      - 字号
    - 清除阅读障碍
    - 尽量要避免使用的排版方式
      - 断开的项目符号
      - 超长的段落
      - 糟糕的颜色搭配
  - 第21章 版面设计——版面设计师需要做什么，不能做什么
    - 版面设计师需要做什么
    - 版面设计师不能做什么
      - 难以填写的产品订单
      - 排版惨不忍睹
      - 花哨空洞的照片
- 第六部分 然后呢
  - 第22章 提高文案水平的建议
    - 建议一：阅读，大量阅读
      - 杂志
      - 报纸、期刊
      - 小说
    - 建议二：你需要练习
  - 第23章 怎样给外聘的文案写手提供文案概要
    - 到底什么是文案概要
    - 一定要与文案写作者见面吗
    - 文案概要里应该放哪些内容
  - 第24章 写在最后
    - 为什么优秀文案很重要

使用本书作者独创的文案写作方法
你的文案就能创造销量奇迹
•SMART目标 •快餐联想记忆法KFC •文案必杀技AIDCA
•FAB公式 •三种利益NIB •eBay效应
•收集和使用用户好评五步法 •20个激发创意的方法
•7个有效的写作技巧 •8个无效的写作技巧
•5个黑魔法 •6个魔力词 •爆米花法则
•奥威尔写作规则 •文案质量变化曲线图

文案创造销量

移动互联时代文案写作完全指南

[英] 安迪・马斯林（Andy Maslen）◎著　宋 阳◎译

WRITE TO SELL

THE ULTIMATE GUIDE TO GREAT COPYWRITING

中国经济出版社
CHINA ECONOMIC PUBLISHING HOUSE
・北 京・

图书在版编目（CIP）数据

文案创造销量：移动互联时代文案写作完全指南 /（英）安迪·马斯林著；宋阳译．—北京：中国经济出版社，2019.6

ISBN 978-7-5136-5299-5

Ⅰ．①文…　Ⅱ．①安…　②宋…　Ⅲ．①网络营销—广告文案—写作—指南

Ⅳ．① F713.365.2-62

中国版本图书馆 CIP 数据核字（2018）第 179770 号

著作权合同登记号：01-2017-5322

策划编辑　崔姜薇
责任编辑　张　博
责任印制　马小宾
封面设计　任燕飞工作室

出版发行　中国经济出版社
印 刷 者　北京科信印刷有限公司
经 销 者　各地新华书店
开　　本　880mm × 1230mm　1/32
印　　张　7
字　　数　150 千字
版　　次　2019 年 6 月第 1 版
印　　次　2019 年 6 月第 1 次
定　　价　48.00 元
广告经营许可证　京西工商广字第 8179 号

中国经济出版社　**网址** www. economyph. com　**社址** 北京市西城区百万庄北街 3 号　**邮编** 100037

本版图书如存在印装质量问题，请与本社发行中心联系调换（联系电话：010-68330607）

目　录

第二部分 你说你没做计划是什么意思

第三部分 有效的和无效的写作技巧

第四部分 好了，开始写文案吧

第五部分 打磨、抛光、定型

第六部分 然后呢

索引 1 文案写作工具箱

索引 2 文案写作练习

索引 3 文案写作案例

序言　互联网文案——神话与现实

很多自封的“专家”会告诉你，互联网文案是一个美丽的新世界。它与印刷品文案没有任何关系，它是一个全新的领域。然后，他们又告诉你，每个网页都需要有一个标题。

实际上，互联网文案与印刷品文案确实有不同之处，但并不像很多人想象的那么不同。

我们的目标始终没变，仍然是说服消费者打开、阅读并相信我们的文案，最后照着我们设定的意图去行动。

互联网改变了很多东西，但改变的方式与很多人的想象不同。有了互联网并不意味着文案失去了原有的分量。事实上，文案变得更加重要了。互联网也没有改变人们对文案做出响应的方式。

真正的变化是，互联网让消费者和商务人士收到了更多垃圾文案。互联网允许那些错误百出、内容无聊、愚蠢至极的文案，跟你精心写就的印刷品文案一样获得同等回报。事实就是如此。数字时代的文案写作更加不容易。

什么是“神话”

每出现一项新技术，很多既得利益者便会开始编造“神话”。他们希望你因为新技术的出现感到困惑不安，不知所措，从而愿意花大把的钱，聘请他们担任所谓的“顾问”。有关互联网文案的最常见的神话如下：

“神话”一：“互联网文案必须以信息为重，而不是以推销为重。”

在文案写作中，采取“强行推销而一脚先踏进门”[①]的思路从来都不是一个好主意。消费者希望了解到有助于他们做出决策的信息。一直都是这样。

“神话”二：互联网文案既要便于逐字逐句阅读，也要便于浏览。

消费者确实会浏览互联网文案。但是，广告、推销信、宣传页等印刷品文案，消费者也会以浏览的方式阅读。

“神话”三：网络用户文字或文学水平不高，所以互联网文案的文字必须简单。

有些网络用户文学水平确实不高，甚至大字不识几个。但在互联网出现以前，他们一直在阅读邮购广告、平面广告和宣传海报。关键问题在于，他们是不是你的目标客户。

---

① 美国的推销员过去都是挨门挨户去推销商品，当对方把门打开的时候，精明能干的推销员就会把一只脚先伸到门里边，这样可以避免还没机会开口说话就被拒之门外的情况发生。现在挨门挨户的推销方式基本绝迹，但“把一只脚先伸到门里边”的说法被保留了下来。

如果是，你当然需要使用简单的文字。但如果你的文案面向的是受过高等教育、见多识广的客户群，这个神话必然会破灭。

“神话”四：“网络是全球性的，所以你应该避免使用本地的习语。”

如果你的产品和服务有可能被这个星球上的任何一个人购买，这条或许适用。但如果剔除所有本地的习语和表达方式，你的文案可能就会失去个性，无法吸引消费者购买你的产品。

“神话”五：“在网络上赢得信任更重要。”

为什么呢？网络上有很多诈骗邮件和垃圾邮件，所以文案写作者必须下大力气才能将自己塑造成值得信赖的商家。难道网络出现之前不是这样吗？请记住，骗子在互联网出现之前也从没闲着，人们永远不会从不信任的人那里买东西。

所有内容都要有标题

浏览互联网文案时，消费者会感觉阅读的时间更有限，所以文章的结构至关重要。你要为消费者提供导读服务，帮助他们尽快找到需要的信息。同样重要的是，你要按照你的意图引导消费者，而你的意图通常是让他们做出购买决定。

我们将在第 10 章讨论的文案必杀技 AIDCA，完全适用于互联网文案写作。你需要真正抓住消费者的眼球，绝不写任何消费者不感兴趣的内容。如今，拴住消费者目光的那根线比以往更细、更易断。

想象你的消费者正在浏览一个列出谷歌搜索结果的网页。一共有10条网站链接，右侧是谷歌的关键词竞价广告（Google Adwords）。你怎么能保证消费者会点击你的网站链接呢？答案就是，用一个强有力的标题吸引他们的注意，因为搜索结果显示的缩微文本其实就是标题。

现在，想象有一个人正在访问你的网站。可能是主页，也可能不是。不管怎样，他想知道继续访问下去能带给他什么利益。在进入站点时，他首先看到的是标题。这里有一个特别实用的窍门：别在主页顶端写"欢迎来到……"因为有数以百万计的网站都使用这个标题，所以这种做法只会让你的网站也跟那些网站一样，落个无人问津的下场。

你要给消费者一个读下去的理由——给他们利益，给他们信息，让他们思考，让他们对你的文案感兴趣。例如，如果订阅你的房地产数据库可以在7个方面获益，那么标题里可以有这个词："获益"。

但如果采用下面的标题，对消费者的影响力会增加10倍：

"加入我们，你才会了解房地产业的7个秘密。"

电子邮件的主题行

电子邮件的主题行很独特，因为它本身就是标题，主要功能是确保收件人会打开邮件。从这个意义上看，主题行与传统信封上的提示语很相似。区别在于，你的邮件主题行可能会被数十甚至数百个其他的主题行所淹没。如果你想大幅提高你所发出的电子邮件的打开率，需要遵守几条额外的规则：

（1）将力量型关键词放在行首。人们在浏览收件箱时，其实经常只浏览每个主题行的第一个词。

（2）避免让主题行读起来像垃圾邮件。“免费”二字一直是商家的秘密武器，对于这两个字是否会触发垃圾邮件过滤尚无定论。所以，除非你认真测试过，否则一定要使用“免费”二字。

（3）主题行要短。其包括空格在内，不要超过 40 个字符，以免被 Outlook 或其他电子邮件客户端截短。

语言风格和语气

互联网文案和印刷品文案都没有专属词汇。能写出优秀的印刷品文案的人，大概率也能写出优秀的互联网文案。正如很多优秀的文案写作者几十年来所领悟到的，短小精悍的词语和句子，是跟消费者建立联系的最好方法。

对于互联网文案，句子越短越好，争取做到每句平均 10 个词。要把句子写得这么短很难，但即便你没完全做到，你的文案可读性也要远远高于平均水平。而这意味着你的网站会更有黏性，更容易说服消费者购买你的产品。你的文案的语气应该是聊天式的，互联网天生就是一个非正式的媒体，所以就算不使用印刷品文案中那种一本正经的语气，你也不会有什么损失。

篇幅

关于互联网文案，有一个最严重也最持久的错误认识：篇幅一定要短，但人们几乎找不到任何证据支持这个观点。赞同者通常喜欢模糊地说“阅读网页让人疲倦”，或更加缺乏说服力地告诉你，“人们不愿意阅读长篇互联网文案”。

关键是要让文案内容始终与消费者相关。你需要毫不懈怠地关注消费者的兴趣、关切、希望、恐惧和动机，这样消费者反过来也会关注你的文案。你可以从印刷品文案中取经：测试不同篇幅的效果，确定最合适的篇幅。

对于你们的市场和产品而言，短文案确实有可能比长文案更合适。但是，你必须先确定这一点，以免白白损失长文案可能带来的额外流量。

超链接

超链接对互联网文案写作者来说是个极其强大的工具（对消费者来说更是如此），因为它可以提供多个阅读路径。

换句话说，我们能够赋予消费者对信息接收方式的控制权。

有了超链接，在决定买还是不买时，消费者不再需要翻阅厚厚的宣传册，直接就能锁定想要了解的内容。

超链接提供了一套不那么正式的网页导读体系，让消费者在导航栏之外还可以选择其他方式。其实，链接是利用了扫读和略读两种阅读模式。最重要的是，链接允许消费者一路追下去，针对感兴趣的主题了解更详细的信息。

写互联网文案跟写印刷品文案没什么两样，但在结构设计上要考虑到链接的特点，从而让故事在不同层次上展开。对于只想快速浏览的消费者，仅提供基本信息即可。对更感兴趣或有疑问的消费者，你要提供更深层次的信息。

本书几乎所有观点都适用于互联网文案写作，但是……

想一夜暴富的骗子推销员、贼眉鼠眼的垃圾邮件发送者，他们会把自己的拙劣文案强加给消费者。因此，你面临着更大的压力，更需要把文案写好。无论你写的是电子邮件、网页文案还是广告条，你都必须从这片无限嘈杂中杀出一条路来，让你的好文案呈现在消费者眼前。

要特别注意你的语气。人们在阅读电子邮件或网页的时候，会倾向于接受不那么正式的语气。所以只要内容与品牌吻合，你的语气可以放松一点。记住，要不留情面地查看可读性统计信息。我曾见过很多网页的弗莱士阅读舒适度得分只有 10% 甚至更低。

最后，请记住，好的互联网文案必须能够创造销量。虽然写作模式可能从促销导向变成了宣传导向，但文案写作的根本目的没有改变。

前 言

想想你用手指敲击键盘的时候：写信、写报告、写计划书、写宣传稿、写营销材料、写电子邮件……不胜枚举，如果你希望文笔出色且效果显著，那么，你会比其他人更容易在全书中得偿所愿。

作为一名职业文案写作者和写作教师，我浏览过大量的文案，其中很多文案的质量也就是勉强及格。

很多时候，文案内容对销售目标的实现没什么帮助，只是没起反作用而已。想到这些，我开始着手写一本简单易懂的文案写作指南。

我写本书的目的

（1）帮助你写得更好、更快。

（2）激励你，让你感到愉快，因为写作应该充满乐趣。

（3）与你分享我过去20年里积累的文案写作经验与技巧。

（4）让你明白，写出好文案没有你想的那么难，但确实需要练习。

（5）给你一个“文案写作者工具箱”，里面有文案写作的各种实用技巧。

（6）最终，帮助你用文案创造销售量。

我知道你很忙，不愿意埋头苦读厚厚的教科书，所以这本书很薄。但请不要被它的厚度误导，本书的观点足以改变你的写作方式，并回答每个文案写作者所面临的重大问题：

“我怎么能单靠文案说服别人从我这里买东西？”

“优秀的文案写作者长啥样？他们写出的文案长啥样？”

“非职业写作者怎样才能写出富有感染力和说服力的销售文案？”

“版面设计和布局对文案的效果有怎样的影响？”

关于文案写作你必须记住的四件事

1. 文案写作的目的是推销

很多人需要写推销文案，但没有接受过相关训练，所以他们的文案写得很差。

是的，我们在学校里学过写论文，有时候写得还不错。但是，学术写作和文案写作之间存在巨大差异。

为什么呢？因为文案写作的主要目的是推销，其次才是写作本身。这要求文案写作者必须了解消费者的兴趣点。当然，文案的确要做到文笔流畅，正确无误，但这不足以保证你推销成功。

别人经常问我是不是英语专业出身，其实我不是，我大学读的是心理学。但如果你要用文字影响别人，懂点心理学很有必要。

2. 我们必须关注消费者

很多文案写出来差强人意，原因在于作者关注的是自己，而不是消费者。

公司老板会爱上自己的公司，销售经理会爱上推销的产品，而文案写作者常常会爱上自己，因为他们有艺术追求，渴望赢得同行颁发的文案创意奖。

那谁来爱消费者呢？谁在尝试了解消费者的想法、需求和欲望呢？什么东西能促使他们关注并信任一条销售信息，然后发生购买行为呢？

3. 美好的事物都是小包装的

大多数商务文案写作者，尤其是专职文案写作者，以为文案越长就越好：字数多的词比字数少的词好，长句比短句好。

但是，消费者（包括公司的首席执行官）并不喜欢这种文风。这完全是炫技，没有感情。要吸引消费者，必须使用街头巷尾听到的日常语言。那些扎实、接地气的词语，几乎可以让人拿在手上感受它们的热度。

4. 大多数人缺乏文案写作必需的技能和经验

大多数文案写作者没有推销经验。即便有人做过推销员，他们也常常忽视文案与推销之间的关系。也就是说，他们不清楚在推销过程中文案怎样发挥作用。他们缺乏相关经验。

而大多数销售人员也从来没有正经地写过文案，所以他们也缺乏相关经验。

本书给你的十个帮助

（1）带你学习如何获得消费者的关注、尊重和信任。

（2）让你有信心去尝试新的文案写作方法。

（3）帮助你了解销售技能与文案写作之间的关系。

（4）帮你节省时间和精力，解决文案写作中的难题。

（5）让你避免在注定失败的营销宣传上浪费金钱。

（6）为你提供简单实用的文案写作工具。

（7）让你不再纠结于是否使用所谓的“正宗”语言。

（8）为你提供改善文案可读性的具体技巧。

（9）带你复习文案写作的基本规则。

（10）帮助你用文案创造销量。

本书教你写的六种文档

书中谈到的技巧和观点涉及以下各种体裁和用途：

（1）信件——推销信、询问信、赞同信、通知信、投诉信。

（2）电子邮件——给客户的、给同事的、给员工的、给领导的、给供应商的。

（3）报告——给客户的、给同事的、给董事会的、给监管部门的、给投资者的。

（4）计划书——为筹集资金，为获得批准，为发展新业务，为吸引投资者。

（5）公共关系材料——新闻报道、文章、业务通信。

（6）营销材料——广告、宣传页、手册、网文、电子邮件。

换句话说，本书讲的是如何进行目标导向的写作。无论你写的是哪类文案，你心里都应该有一个具体目标。你的目标可能是激发消费者提出问题，也可能是赢得一个 100 万元的大单。但要实现目标，你得做点不一样的事。

第一部分

重点不是你

“方式恰当的写作是聊天的别名。”

——劳伦斯·斯特恩（Laurence Sterne，1713—1768），英国作家

第1章

大多数文案容易出错的地方

本书关注的不是怎样了解你的产品、你的公司或者你们正在推出的特价活动，而是怎样了解你的消费者。

开始从事文案写作的时候我就意识到，只有消费者是最重要的。你的想法不重要，你上司的想法也不重要，唯一重要的是消费者的想法和感受。一开始你可能会感到意外，但文案内容只取决于你的消费者想看什么，而不是你想说什么。

很多男人都认为，“搭讪时的第一句话”是打动女人芳心的敲门砖。但是，预先设计好的台词往往是徒劳无功的。为什么呢？因为这种台词只反映了说话人的意图，而没有考虑对方的感受。

文案写作也类似，假如你有写作计划，那么一般会列出你想表达的观点、希望消费者看到的信息和想提供的事实（本书第二部分将详细讨论如何制订写作计划）。极少有人会把写作计划的焦点放在消费者身上，认真考虑消费者的需求、欲望和期待；事实上，这样的写作计划也确实凤毛麟角。

但如果我们忽视消费者，那就是自找麻烦。在聚会上只顾自说自话的人，我们都知道大家会怎样对待他。

你的文案必须为消费者而写，而不能为你自己、你的老板或你的同事而写。原因很简单，消费者才是你的文案的真正投资人。

想象你的消费者正坐在办公桌前或者家中的客厅里拆邮件，他们把寄送账单的邮件放在一旁，然后看到三样东西：

（1）一封盖有澳大利亚邮戳的信件，收件人地址是手写的，能看出来是老朋友莉迪亚的笔迹。

（2）当月的《今日园艺》杂志，附赠一包骨粉肥料免费试用装。

（3）你寄来的广告邮件。

你的邮件让他们感到意外，因为与另外两样东西不同，他们在你的邮件上没有任何投入。他们既没有花过钱，也没有特意去找你要过。所以这份广告无论是谁写的，他们都无所谓。

人们如果在读物上做了投资，无论是情感投资还是财务投资，他们就会去看，哪怕它有错别字，语法不通，乱用标点，语气生硬。但是，没在读物上投资的消费者可就没那么宽容了。

唯一能够吸引消费者并令他们兴趣不减的办法，就是直白地向消费者传达一个信号：这篇文章是专门为他们而写，是针对他们的兴趣、他们的关注点、他们的生活而写。你要用流畅自如的文字表达出来，让消费者忽略文字，只关注内容。

文案写作工具箱：WIIFM 波段①

你可能要写一封推销信、一篇新闻报道、一段互联网文案或者一封电子邮件。当你坐下来打算动笔时，你首先要把你的频率调到WIIFM，收听消费者发送到这个波段的信息。

你的消费者想知道什么？每个消费者想知道什么？事实上，消费者想知道的是：**我能从中得到什么？**

① 英语为“what's in it for me”，缩写为“WIIFM”。本书所有脚注均为译者注。

以这个频率发送你的信息，那么消费者收听的概率就会大大增加。如果你用 WIII 频率[1]发送，听众就会离你而去，而选择收听其他更有趣的内容。

① “WIII”是“What I’m Interested In”的首字母缩写，意思是“我对什么感兴趣”。

第2章
有关人性的几点思考

无论什么时候，消费者更可能关注的是他们在意的东西，而不是我们要传达的信息。对我们这些文案写作者来说，这个事实十分令人沮丧。我认为，想做一名好的文案写作者，你需要透彻了解产品，然后针对产品写出令人信服的文案。想做一个文案大家，你还要用了解产品的方式去了解消费者，包括他们的弱点、动机、藏在内心深处的恐惧和欲望。

在开始敲键盘之前，我们需要给消费者建立心理档案。下面是我通常会针对典型消费者提出的问题：

（1）消费者的性别？

（2）消费者的年龄？

（3）消费者希望生活中哪些东西多一些，哪些东西少一些？

（4）消费者现在想在哪里？

（5）消费者最想从生活中得到什么？

（6）消费者的价值观？

（7）消费者怎样看待自己？

（8）消费者被怎样看待？

（9）消费者偏理性还是偏感性？

（10）帮其赚钱和帮其解忧，哪个对消费者诱惑更大？

为什么要问这些问题呢？因为我始终记得我在本章开头所表达的观点：我的消费者很可能关心的是别的东西。**越多了解消费者的偏好、心理状态、人生观，你就越容易写出直接面向消费者、很难被消费者忽略的文案。**

当然，不是每个人都同意我的观点。很多人认为，下面三种内容是潜在客户的兴趣点。姑且如此吧，因为以这三种说法开头的推销信、广告、电子邮件实在太多了。后面我会列出客户真正感兴趣的东西。

人们真正感兴趣的是什么

很多人认为消费者感兴趣的是以下三种内容：

（1）文案写作者的心理状态。例如“我欣喜地告诉您……”“我们高兴地宣布……”等。

（2）对客户的工作、行业或者嗜好的描述。例如“您作为一名繁忙的财务总监需要了解……”等。

（3）对公司发展史的讲述（通常是讲如何白手起家）。

例如，“自我们出版了《实用堆肥》之后”“我们已经对网站进行了全新改版（这种说法现在十分常见）”等。

现在看看消费者真正喜欢读到的内容：

（1）他们自己。

（2）呃。

（3）就这样吧。

当然，我并不是说你应该给消费者讲述消费者自己的事情。先不说别的，如果你把你掌握的消费者资料拿给他们本人看，他们会觉得自己被跟踪了。这种情形你懂的。

“亲爱的某某先生：

如果您偏爱红色绸缎平角短裤，那么您一定会渴望尝试‘性感野兽’系列——我们最新推出的专为雄心勃勃的男士设计的异域风情内衣。”

所以，我的意思是要从消费者的角度来描述你的产品和服务。**不要讲这是什么产品，而要告诉消费者这个产品能为他们做什么。**更明确地说，要告诉消费者，**你的产品如何能让他们的生活更轻松、更美好或者更有意义。**如果你不知道答案，那么就去找答案或者编点儿什么。换句话说，你要讲讲产品的利益（第 5 章将详细讨论这一点）。

爱上“恶人”，然后把东西卖给他们

如果你不愿意顶着心理学家的帽子，那就换上神学家的袍子可好？

脱掉西装皮鞋，跳出小心扮演的角色，卸下理智的铠甲，剩下的就是赤裸裸的人性。这时你会发现，我们都是“恶人”，所以为什么不利用人性的“恶”来实现你的目标呢？

让我们重温“七宗罪”，然后再看看怎样在文案写作中利用它们。

（1）虚荣

想让消费者相信你，最简单的方法就是说好话。告诉消费者，他们对你来说有多么重要，赞扬他们多么博学多才。他们永远不会反驳你。然后，你再暗示，拥有这样才学的人会做出正确的决定，按照你的建议采取行动。

（2）嫉妒

让消费者意识到其他人已经购买了你的产品并得到了巨大的利益。没有人会有便宜不捡。消费者如果知道跟自己相似的人已经美滋滋地用上了某件产品，他们也会动心。

（3）暴食

人们为什么肚子不饿还要吃东西呢？可能是因为喜欢那个味道，或者是喜欢吃的感觉，再或者是需要安慰。当然，除非你在推销食品或餐馆，否则暴食跟你的文案写作没什么关系。但是，如果消费你们的产品会让人感到高兴和满足，这就是一个真正的卖点。

（4）私欲

要把它用在文案写作上比较难，但如果你向消费者暗示，你的产品可以满足他们在这方面的小愿望，那你就是赢家。而你要是真能做到，我觉得你搞文案写作太大材小用了，你应该去主持脱口秀。

（5）愤怒

导致愤怒的原因多种多样。几年前，我对我家的网络服务商很不满意，恨得我咬牙切齿。如果你给别人提供发泄坏情绪的出口，他们会感谢你的。如果你知道你的主要竞争对手让顾客不高兴（服务差、质量差或价格太高），那你就有办法去抢夺市场份额了。

（6）贪婪

这是各年龄段消费者的主要消费动机。人们有时候会想要一些用不着的东西，有些东西则多多益善，尤其是利润、工资、尊重、办公空间、红酒、笔、计算器、假期、车和衣服，等等。你向消费者承诺的越多，消费者就越愿意听你的。

（7）懒惰

人生性懒惰，所以你要向消费者展示，你的产品和服务怎么能帮他们省心省力。比如，产品可以寄到办公室，也可以直接寄到家里，帮他们省去了逛商场的麻烦。帮助消费者省事儿，消费者就会掏腰包。

所以请记住——面对消费者时，如果忽略人类的“恶”，你就犯了大错。是的，人们希望自己的决定是理性的，所以你一定要列举很多客观理由，让他们觉得购买你的产品是正确选择。但是，人们在买东西的时候，感性却起决定性作用，所以你的文案至少要戳中“七宗罪”中的一宗。顺便说一句，只有新手才会直接说消费者懒惰、自私、贪婪。下笔一定要谨慎。

第 3 章
了解你的消费者

我听见你在问："我怎么能知道消费者是什么样的？"

答案很简单，你需要走进消费者的头脑和内心。哪些东西在驱动他们？哪些东西能激励他们？哪些东西让他们兴奋？这些问题需要你在动笔之前弄清楚。

了解消费者之后，你会发现向他们推销产品变得容易很多。否则，一个低级的小错误就会让你白忙活。请看下面的例子。

最近，一家商业银行给我寄来一封信。信封透明纸下面的姓名和地址没有问题，但是当我看到信的开头，你猜寄信人是怎么称呼我的？不是"亲爱的马斯林先生"，也不是"亲爱的安迪"，而是"亲爱的客户"。

怎么能犯这样的错误？寄信人是这家银行的高管，内容是推介冬季版客户季刊。发这封信或者说进行这次推介，最终目的是要与客户建立联系。这是公司的业务培训出了问题吗？或者是这位高管不知道怎么写邮件吗？更可能的情况是，他根本没有用心费力地去想。

看到这样的开头，我可不会觉得“这家银行了解我，在意我”。相反，我会认为“又多了一件批量生产的垃圾”。要不是因为我自己也是职业文案写作者，我一定会这么想。

什么能让消费者心动

小说家需要深入角色的内心世界，同理，文案写作者也需要深入消费者的内心世界。**如果想要吸引消费者的注意，得到他们的积极反馈，我们必须了解他们的感受、好恶、希望和恐惧。**

要记住，消费者不只是邮件地址清单里的数据，或者某个人口统计学意义上的群体。他们是活生生的人，和我们一样有七情六欲。其实，他们就是我们。用奥美公司（Ogilvy & Mather，世界上最成功的广告公司之一）创始人大卫·奥格威（David Ogilvy）的话来说，“消费者不是低能儿，他们就是你的妻子和孩子。”

做文案这行，我需要向各种各样的人推销。下面是我需要认识、了解和接触的几类人：

☐ 缺乏睡眠的中产男女

☐ 知识分子

- ☐ 电脑极客
- ☐ 托儿所的保育员
- ☐ 志向远大的运动员
- ☐ 律师
- ☐ 感到压力很大的班主任
- ☐ 杂货店老板
- ☐ 商业银行家
- ☐ 爱吃印度餐的人
- ☐ 小投资者
- ☐ 首席执行官
- ☐ 销售和营销总监
- ☐ 人力资源经理
- ☐ 21 世纪的新女性
- ☐ 孤独的上层人士
- ☐ 道路交通工程师
- ☐ 媒体研究专业的学生

对于以上每一类人，我在写文案之前，都要先了解他们的想法。我要弄清楚他们追求什么，有什么困扰，怎样帮他们摆脱困扰。

文案写作工具箱：凌晨三点的问题

如果想弄清楚促使消费者消费的主要动机，你可以问他们一个简单的问题："是什么让你凌晨三点还无法入睡？"

你的产品未必能帮助他们入睡，但如果你不去试试的话，你就错过机会了。

怎样去了解消费者

怎样去了解消费者呢？很多人依赖下列渠道：

（1）数据库报告；

（2）市场调查研究；

（3）特定群体的访谈记录；

（4）来自物流提供商的分析；

（5）广告公司给消费者提出的建议。

上述渠道都十分有用，前提是你对二手或三手信息不介意，而且你只需要收集消费者作为某一个群体的信息。但这些渠道对你了解个体消费者或者个体的人会有什么帮助呢？

下面是我的建议。

1. 找准构思方案的方式

假设你主要在办公室里开展工作，格子间也好，大开间也好。消费者会不会出现在你的办公室里呢？我想不会。下面，请你把座机设置成呼叫转移，把电子邮件设置成自动回复“外出办公”，然后出门。到哪儿去呢？

去公司的一家门店。

去公司的呼叫中心。

去公司的客服部门。

去参加一个展览。

去参加一个会议。

去拜访一个客户。

到了之后，你要跟消费者聊起来。如果你的文案是针对内部消费者，你需要知道他们的工作地点，然后跟他们见面。比如，他们可能在工厂里，或者在另一个部门。这时候，不要靠电子邮件进行交流。

你需要观察消费者，跟他们见面，与他们交谈。努力思考或者直接问客户：他们想从你的产品、你的公司或者你本人那里得到什么。这样，在坐下来动笔的时候，你就会站在制高点上。

如此，你就不用去天马行空地想象了，而只需要使用恰当的语气。因为你按对了按钮，结果全都在你的掌控之中。

不要再长篇大论地写那些消费者不在乎、味同嚼蜡的内容。相反，把你想在门店里、在电话中、在交易展会上跟消费者说的话写下来吧。

2. 接地气

最近，我为一本新创刊的女性杂志写了一篇推销文案。我的调研工作很简单，我请我的妻子和其他女性朋友替我写。其实，最后敲键盘的人还是我，她们说什么我就敲什么。

我的妻子和朋友是活生生的人，看得见，听得到。我知道她们穿什么，多大年纪，担心什么，还有怎样说服她们订阅这本杂志。

我还去了一趟闹市区的咖啡馆，坐在露天座上，喝着卡布奇诺，看着一沓女性杂志，同时观察从我身边经过的女性，美其名曰是为了与我的消费者群体自然而然地产生共鸣。

与你的销售团队沟通

销售人员是文案写作者重要的素材来源。我们每天大部分时间都待在办公桌旁，但销售人员（或者说优秀的销售人员）大多数时间都用来与客户面对面交流。

所以，销售人员了解客户的兴奋点。给销售人员买杯啤酒，他们可能就会告诉你。如果你也是销售人员的话，那给自己也买一杯吧。

这听起来有些不切实际或者太耗费时间，也有可能你没有销售团队，你的客户都是在线与你做交易。但毋庸置疑的是，你了解消费者越多，你写起来就越容易。如果你从中找不到你想要的素材，那就打开文案写作工具箱，翻出“想象”这个工具。

让我们看看下面这个故事。

文案写作工具箱：计算机杂志的推销文案

我刚开始做自由文案写作者的时候，接到一份为《计算机世界》杂志（*Personal Computer World*）写推销文案的工作。我试着在头脑里描画一个典型读者的形象，我找到我的姐夫，他是一个计算机达人，当时在为多家计算机杂志撰稿。

他花5分钟提供的素材就足以让我勾勒出典型读者的形象。我坐在计算机边上，脑子里想象着这本杂志的读者应该有点怪异但又很博学，就这样我开始动笔了。也许是巧合吧，这篇文案的读者反馈率很高。我现在还是这样写文案，脑子里呈现着典型读者的形象去写。

即便委托方不提供文案概要[①]，我也能通过想象深入地了解和认识目标客户。当然，你也可以。让我们来做一个简单的练习吧。

文案写作练习：怎样形容一个人

想想我们可以用哪些词来形容一个人，越多越好，把这些词写在下面的虚线上。不必局限于你的目标客户，就是形容普通人。给你两分钟时间。

我先举三个例子：

忙碌的　疲倦的　上进的

我们可以把一个人的特征归为两大类：反映一个人想远离的东西和反映一个人想接近的东西。例如，上面三个形容词可以这样归类：

特征	想远离	想接近
忙碌的		更多时间
疲倦的	压力、加班	
上进的		金钱、权力

① 关于什么是文案概要，请阅读第 23 章。

事实上，每个特征都具有两面性。远离一些东西就意味着接近另外一些东西，反之亦然。

特征	想远离	想接近
忙碌的	待办事项	更多时间
疲倦的	压力、加班	睡眠
上进的	地位低下	金钱、权力

按照“想远离”和“想接近”的分类，找出能够形容你的消费者的词。你找得越多，你就越了解你的消费者。

消费者的心理画像确实能够帮助你了解消费者，你会知道该说些什么才能吸引和说服他们。当然，其他方面的信息也有帮助，但了解消费者的购物记录没有了解他们是什么样的人重要。

文案写作练习：怎样想象消费者的样子

想要了解消费者的心思，这里介绍一个“五步法”。很简单，你甚至不用离开办公位就能做到。

（1）背靠后，放松。

（2）闭眼。

（3）开始在脑中想象。

（4）想象消费者在跟你说话。他们长什么样子？他们的声音什么样？

（5）让他们讲讲自己。

换句话说，就是要发挥想象力。世界上最伟大和最差劲的小说作家都这么做。在《米德尔马契》（*Middlemarch*）、《美国精神病人》（*American Psycho*）、《杀死一只知更鸟》（*Kill a Mocking Bird*）中，你都能找到很多刻画细致、生动写实的人物，广告文案里可没有这么多。

你说这些人物都是虚构的？是的，我同意。但是，就很多文案写作者来说，他们的目标受众也不是真实的。看看那些忙得没时间思考的文案写作者，写出来的文字枯燥无味、死气沉沉。

文案写作工具箱：激发恐惧和贪婪

激发恐惧和贪婪是走进消费者内心的捷径，这两种情绪在文案写作中能够强有力地激发消费者。他们害怕什么？他们渴望什么？搞定这些问题，你就搞定了你的消费者。

多重消费者问题

我们可以把商务写作分成两类：面向单一消费者的写作和面向多重消费者的写作。只面向一个消费者的文案写作很少见，即便所谓的私密邮件也可能会被其他人看到。

本书针对的主要是如何面向众多消费者的文案写作。让我们思考下面这个问题：

“我有 5000 个（或者 50 万个、100 万个）消费者，我怎么能想得出这么多人的样子？”

好吧，确实比较困难，但也不是做不到。想想你的典型消费者，他应该具有目标消费者群体的共性。如果你为一个大型电商写文案，那你的消费者一定喜欢折扣和刺激，愿意冒点风险，同时也有一定的风险承受能力。不符合这个描述的消费者会选择邮购，或者去商场买。

你必须锁定典型消费者，否则，你会走上平淡、枯燥、乏味的死路。在这条路上，即便一开始阳光灿烂，鲜花遍地，走到尽头你还是会看到土地干裂、杂草丛生，于是寸步难行。

你很有可能从糟糕的文案写作者身上感染上“代理消费者型多重人格紊乱”这种病。

文案写作案例：代理型消费者多重人格紊乱（RMPDP）

这是我遇到的最不可思议的案例。丽贝卡认为，具有多重人格的不是她自己，而是消费者。她写的文案一般开头都不错，但到了后面，受多重人格影响，她开始同时给所有消费者写信。

你可能收到过患有此病的文案写作者写给你的信。信中会出现这样的表述：“你们中的一些人”“你们中的许多人”和“你们这些人”。患病的文案写作者经常写着写着就突然从个人语气转为客观语气，读到这样的文案，我的反应通常是转头去找“其他的我”在哪。

患病的文案写作者眼前会出现所有消费者，好像观众聚集在音乐厅或者体育场那样。或许是因为他们意识到，有些目标消费者对他们的产品有一定的了解，有些则一无所知，于是他们就变得无所适从，无法锁定单个消费者。

对于这种情况，我的建议就是大量使用第二人称单数，也就是“你”。我还发现，写作时在面前放上一幅典型消费者的画像或者模型会有帮助。最能说明问题的是，我经常提醒文案写作者，消费者在阅读文案的时候通常是一个人独处，所以除了极少数个案之外，真正患有多重人格紊乱的不是消费者，而是文案写作者。如果你需要指向更广泛的潜在客户群，那么你可以用“那些人”这个词。

第 4 章

谈谈 B2B 文案写作

我写的文案大多面向商务人士，而且通常是企业高管。我偶尔会遇到有人跟我说：“很明显，B2B 文案写作是不一样的，因为消费者是一家公司。”真是这样吗？是不是因为要写给一家公司看，我们就需要用一套不同的说辞？从我收到的信件、电子邮件和宣传手册看，大多数文案写作者认为需要。但是，我认为不需要。

公司能买东西吗？公司能跟你见面吗？公司能签合同吗？三个问题的答案都是“不能”。每一笔买卖，不管有没有发生现金交易，买卖双方必定是个体的人。一个人不会因为穿上了西装，就变成了公司的无人机。

这点十分重要。首席执行官、高级经理、呼叫中心接线员，所有这些人都是人，都会被各自的感情、弱点和特质所影响。

文案写作工具箱：B2B 文案写作的四条法则

第一条：我们的推销对象很忙

不管我们对消费者了解多少，我们都要认识到他们很忙。这意味着一件事：

我们的文案必须与消费者高度相关。不求简短，求相关。对于一名高管来说，即便收到一封只有十个字的电邮，如果跟他不相关，他也不会去看。所以，光是简短不管用。

第二条：我们的推销对象是人

很多人写 B2B 文案时会忘记一个不容置疑的事实：商务人士也是人。即便他们的决策是以公司利益为基础的，他们也会考虑这些决定对自己的影响。对文案写作者来说，忘记消费者的人性是非常危险的。的确，你写文案的目的是促成一笔买卖，但请记住：

首席执行官在意股东价值，原因是他们的奖金与股东价值的增加幅度挂钩。

IT 经理在意网络安全，原因是病毒攻击造成的工时损失会影响他们下一次能否加薪。

人力资源经理在意出勤率，原因是他们想得到与身份相称的江景办公室。

换句话说，人们在做商业决策的时候，至少一部分人是出于个人原因。利用好他们的感情和个人原因，你就会获得更多订单。

第三条：我们在推销

接下来，我们的消费者要做出买还是不买的决定。作为文案写作者，我们必须发现和推介产品能给消费者带来的利益，这样消费者才会按照我们的意愿行动。你可以这样描述产品的优点：

（1）省钱。

（2）省时间。

（3）省心（对不愿意最后闹得跟人打官司的健康和安全经理来说十分奏效）。

（4）提高利润。

（5）降低员工离职率。

（6）提高工作效率。

你的推销对象常常是共同做出决策的一个群体。所以，你必须考虑到这个群体中每一个人的需求、动机和顾虑。

第四条：我们在写作

虽然没有专门的 B2B 文案写作语言，但从我定期收到的垃圾文案来看，很多文案写作者认为——用简单的语言即可。如果用“之前”就能说明白，为什么还要说“在此之前”呢？如果想说“销量大增”，为什么非要说“巨大的营业额增长”呢？

还要区别技术性词汇和大多数公司里满天飞的陈词滥调。我喜欢用的词有很多，但在这种情形下，我最常用的是“增长”（与之相对的可能是“减少”，它们在公司场合总是很有用）。

第5章
为什么利益描述胜于属性描述

要做一名出色的文案写作者（你既然买了这本书，想来你的确有这样的意愿），你需要把传统的面对面销售的话术技巧，转化为写在纸上或显示在屏幕上的文字。你面临的最大问题，是如何养成多描述产品利益、少描述产品属性的习惯。

刚刚开始从事文案写作的人（甚至一些老手），容易把重点放在描述产品的属性上，而不是利益上。这可不是好事。为什么呢？

因为消费者对产品的属性不感兴趣。当然，消费者嘴上会说感兴趣——没有人会不搞清楚产品的属性就买，对吧？

但要把东西卖出去，靠的还是产品能带给消费者的利益。

制作产品的人与产品接触太深，所以他们的眼里只有产品的属性。汽车发动机工程师之所以搞这行，是因为他们喜欢发动机、变速箱、继电器，喜欢组装车，这些东西是他们的兴奋点；也正因如此，现如今的汽车上布满了各种小装置。惊喜，惊喜，这是他们乐意谈论的。

各行各业都是如此。我曾经为多家会展公司写过10年左右的直邮推销文案。会展公司本能的想法是，在推销手册里压缩有关产品利益的篇幅，给会展日程表腾出空间。会展公司认为，消费者对日程最感兴趣，可这种想法是错误的。**消费者关心的是为什么应该买，而不是买到的是什么。**

你想要证据？可以。看看下面这个例子。

吉姆想让自己招女人喜欢。你如果告诉他，你手工缝制的爱尔兰粗制皮鞋能让他有女人缘，他一定会买。你把须后水推销给他，也是这个道理，类似的还有跑车、腹肌、植发。满足消费者的需求，你就能把东西卖出去。

回到我开头提出的观点：过多描述产品属性的文案是写给公司或制造商的，不是写给客户或消费者的。

划重点

△ 你必须为消费者而写，而且只为消费者而写，顾及其他会让消费者因为厌烦而放弃读你写的文案。

△ 你必须比其他类型的写作者更努力，因为你的消费者一般不会主动要求你给他们写文案。即便他们提出要求，也不一定会看。

△ 记住，你的消费者是有七情六欲的凡人，有希望，有恐惧，有欲望，有邪念。

△ 做好调研。弄清楚你的消费者喜欢什么。如果弄不清楚，你就得靠想象力。

△ B2B 文案写作仍然是文案写作。所以，消费者仍然是普通的人。你要是忘记了这条，那只能后果自负了。

△ 描述利益才能把产品卖出去。了解产品的属性，只是让消费者为买东西的决定找客观理由。

第二部分

你说你没做计划是什么意思

“你如果没有计划，那就注定失败。”

——亚蒙神[1]

① 古埃及文化中主司生命和生殖的神。

第6章

好吧，但是你想说什么

不管是写计划书、邮件、宣传册还是网页文案，我们在写文案的时候，往往陷在写的过程里，忘记了需要对自己、对消费者清晰地表达。

结果，写出来的文案冗长、啰唆，枯燥无味。

在我讲授的文案写作课程的最后，我会请所有学员围坐在手提电脑前，一起来读其中一位学员的文案作品。我总是问写作者同一个问题："你到底想说什么？"因为，我看完他写的文案之后很难得出答案。

等该文案的写作者开口说话的时候，答案就清楚了，他想向消费者传达一个或两个简单的信息。我立刻就明白了，然后问："那你为什么不这么写呢？"

在推销的时候，你需要化解对方的冷淡、漠然甚至是敌对情绪。不管受众调查的结果怎么说，人们通常不愿意接到推销广告，因为这些东西会干扰他们的正常工作和生活，还有可能影响心情。

消除抵触情绪的第一步是计划好你想说的话。不做计划，你只会事倍功半。你还记得本书第一部分的主要观点吗？你的消费者最重要。你必须围绕消费者做计划。

有一次，在文案写作研讨班上，我问在座的企业高管："影响文案写作的最主要的难题是什么？"他们普遍回答说"思路堵塞"。其实，他们说的不是一个人坐在阁楼上盯着空白稿纸或是电脑屏幕发呆的窘态，而是他们明明知道写文案的必要性，却不知道从哪里下笔，也不知道该说什么，按什么顺序来说。

我问他们中有多少人会在动笔前做计划，通常得到的回答是"一个也没有"。问题就在这里。如果没有计划，你写起来的感觉就好像在吃力地爬坡。如果你没有预先想好"我到底想说什么"，那么，你很难用鲜活的语言写出令人信服的文案。

先想后写

你最好先坐下来，离电脑远点儿，静下心来思考。这样，你后面动笔时反而会节省时间。

你需要回答以下 6 个问题：

（1）我的目标是什么？

是改变消费者的想法，激发消费者的兴趣，说服某人做某事，还是说服某人买某件商品？

（2）我写给谁看？

你对这个人了解多少？记住，即便你要写给很多消费者看，你在做计划时都要假定你的消费者只有一个。

（3）我想说什么？

你动笔前要收集所有事实和背景信息。你要集中精力思考消费者的需求，而不是你自己的需求。

（4）篇幅有什么要求？

理想情况下，你可以不受篇幅的限制，把需要说的话都写出来。当然，现实并非如此。你需要在动笔前弄清楚，你有多大篇幅可用：一张 A4 纸、500 个字，还是两手机屏可容纳的信息。

（5）我想给消费者什么样的感觉？

友好可亲、权威博学，还是独立公正？这会影响你的语气和措辞。我们会在第 16 章详细讨论语气的问题。

（6）我有多少时间？

交稿日期是铁打不动的。如果按期交稿，你的委托方（内部的或外部的）会感谢你。如果你超期，你就可以跟“最受欢迎雇员”或“优秀文案写作者”称号说再见了。

在以上六个问题中，第一个问题最重要。本书讨论的是文案写作，即如何带着商业目的去写文案。也就是说，你写文案是带有目的性的。

开始的时候要手写，而不是机写

如今，大多数人（包括我）都用电脑写文章。在写作过程中，我们大多数时间都盯着电脑屏幕。暂且不说这对眼睛、脖子、后背、手臂有害，盯着屏幕对制订写作计划同样没有好处。在写作后期，你在大部分时间里都要盯着电脑屏幕打字，所以在做计划的时候最好不要使用电脑。不管你是在做计划，还是在写文案，屏幕左上角闪烁的光标会导致思路堵塞。所以，我有如下建议：

（1）离开办公桌，到别处坐坐，让自己舒服点。

（2）笔和纸的美妙组合让人有随意的感觉。一切都尚未定型，一切都可以丢弃或涂改。

（3）把你的想法记录下来。如果你喜欢让想法变得更直观，那么你可以画图（我的一个好朋友就喜欢画画）。把你的想法用虚线或者箭头连接起来，在心里打好腹稿。如果需要，你可以说出这些想法，并用手机里的录音软件保存下来。

（4）不要写完整的句子。在正式写文案的时候，你需要大费脑筋去咬文嚼字，所以做计划的时候就不要字斟句酌了。这个阶段，你的时间应该花在如何把脑子里的想法落到纸上，而不是绞尽脑汁思考语法。写作属于右脑创造能力，而做计划属于左脑逻辑能力，两种能力的实现机制截然不同，所以区分开来对写文案是有帮助的。

列出大纲

这时，你最想做的就是把想法落到纸上，所以只列出大纲即可。等你回头再看的时候，只要看到几个关键词就能回想起当时的想法。你也可以把想法写在便利贴上，这对下一步有帮助。每当有一个新想法，就写在一张新的便利贴上，然后把便利贴都粘在墙上。之后，把你的想法分组，看看哪些想法是有关联的。

在这个阶段，你应该着手把你的想法归纳成多个主题。你总是会有几个主要的想法，其他想法都可以归入其中。例如，如果你在写一份计划书，你可能会列出以下几个主要部分（或主题）：

（1）跟消费者相关的内容是什么；

（2）我们的能力；

（3）我们的业绩；

（4）成本和时间表；

（5）项目背景。

当然，这仍是一个比较松散的归纳，所以，如果你发现有些想法可以归到不同的主题里，你就把这样的想法分解之后再归类。这样，你的文案可以避免出现重复的内容。

计划成形

你的成果应该是一份简单的书面计划，最好写在一张A4纸的一面上。开始时是一份手写的计划（或者是一堆便利贴），但它最终会变成一份打印出来的计划：

（1）最上面是你的目标；

（2）如果篇幅很长，那么应该按照逻辑顺序列出各个部分；

（3）如果篇幅较短，那么应该想好怎样划分段落；

（4）应该讲一个有开头、经过和结尾的故事；

（5）应该有展现主要观点的备选方式。

不管你相不相信，你现在已经做好准备了。如果这会儿你彩票中奖，想撇下手里的活儿去巴哈马度假，接盘的同事也完全可以把这篇文案继续写下去。

第7章
确立目标

让我们从头开始，就从你写文案的目标开始。这不复杂，我们只需回答一个简单的问题："写这篇文案的目标是什么？"记住，你是要用这篇文案，代替你与消费者、客户，或潜在消费者、潜在客户的宣讲或交谈。所以，它必须实现同等效果，甚至要更好。

下面是你可能想要实现的目标：

☐ 做成一单生意

☐ 让消费者在你们这里多消费

☐ 鼓励消费者试用你们的产品

☐ 让消费者转为直接扣账付款

☐ 让消费者同意订阅你们的电子邮件

☐ 与客户续签合约

☐ 让你们公司进入投标名单

□ 与客户安排一次会面

□ 让消费者在你们这里开设账户

□ 让消费者参观你们公司

你写文案应该由目标驱动，而不是为了展现你的创意。

光有创意不顶用

我喜欢大卫·奥格威对创意的看法："我不想听你跟我说，你觉得我写的这则广告'很有创意'；我希望你看了它之后，就禁不住想买下我的产品。"创造力有时会带来问题，因为写作者（包括文案写作者在内）往往生来就有挥洒创意的倾向，很多人热衷于抠字眼。我猜这和木匠喜欢摆弄木头、铁匠喜欢摆弄铁器，是一个道理。但是，我们不能让咬文嚼字成为写文案的目标。

如果出现下面两种情况，你应该扔掉已经写好的文案。第一，文案让你笑了。第二，你对文案非常满意，你带着"你看你看"的笑容请你的同事看。关键是，你得问问自己，这篇文案能不能说服消费者买你的产品。如果你回答"不能"，那你必须舍弃它。在创意写作圈子里，人们非常贴切地将之称为"**杀死你的宝贝**"。

刚才我们说到哪儿了？哦，对，确立目标。目标一定要SMART。这个世界已经充斥了各色说教，我当然不想趟这摊浑水。但这个缩写有它的重要性，因为文案写作者中很少有人知道，也很少有人花费力气去思考，如何在实际写作中应用它。

SMART 目标

我主持文案写作研讨班的时候，让学员猜 SMART 代表什么。一开始大家小声嘀咕，又过了一会儿，大家开动脑筋，讨论的声音渐渐大了起来。

SMART 展开之后是这样的：

具体（Specific）、可量化（Measurable）、可实现（Achievable）、相关性（Relevant）、限定时间（Time bound）。

例如，“提高品牌知名度”这个目标就不够 SMART。很显然，如果写作计划这样开头，大家的第一反应会是“从多低提到多高”。

相比之下，以下目标更符合 SMART 要求：“从 1 月 1 日到 3 月 31 日，找到 125 个新客户，让每个新客户消费至少 1500 英镑。”

话说回来，下面这些目标既不 SMART，也不合情理，却经常出现在文案写作者的脑海里：

☐ 让自己感觉良好

☐ 让自己和同事们大笑

☐ 向老板显示自己有多聪明

☐ 赢得一项广告创意奖

☐ 证明自己花钱从图片库买的老照片物有所值

第8章
制订完美写作计划的快餐联想记忆法

好的，你已经把你的商业目标说清楚了。“你想增加销售额”，很好。“你想在本财年增加15万英镑的销售额”，非常好。“你想在本财年增加15万英镑的销售额，同时让每笔交易的成本降低三成”，好极了。

你打算怎样实现这些目标呢？你希望文案起到什么作用呢？

你在写文案时要将目标分解。这里有一个简单有效的方法，即**快餐联想记忆法KFC：我要让消费者在阅读之后知道什么（Know），感受到什么（Feel），决定做什么（Commit）。**[①]

这个记忆法为什么这么管用？让我们分析一下。

“K”代表知识，也就是事实。尽管我在前文中强烈反对

① “KFC”是肯德基快餐的缩写，所以将之称作快餐联想记忆法KFC。

强调产品属性的文案写作，但描述产品属性还是必要的。消费者需要这些信息来证明购买决定的合理性。

“F”代表的意义很难解释。你想让消费者感受到什么？我每次让委托方做文案概要时，都会问这个问题。他们很纠结，会说：“我们想让消费者感到，我们每个月都会提供2000份最新的公司概况。”我说：“这不是感受，这要么是事实，要么不是。你想让消费者感受到什么？”

下面的回答才对路：

☐“一想到要购买我们的产品就感到很激动。”

☐“担心如果不买的话会有损失。”

☐“确信我们公司是值得信赖的商业伙伴。”

☐“嫉妒那些已经购买了我们产品的人。”

☐“迫不及待想要签字。”

上述这些回答有一个共同点：它们都是情感层面上的反应，难以核实、证明或测量——至少仅凭我们这些文案写作者是做不到的。但重要的是，如果你能让消费者有这样的感受，他们就极有可能从你那里买东西。

“C”被销售人员称为“成交”，被文案写作者称为“行动号召”。你要弄清楚你想让消费者做什么。这个问题可能很简单，如希望消费者现在就买。这个问题也可能有点复杂，如希望消费者把产品推荐给一位朋友，或者打开日程本，空出两天时间专门从北达科他州前往旧金山参加一个会议。但不管怎样，你绝对不能含糊其词，**必须具体、直接、明确地告诉消费者，你想让他们做什么、何时做、怎样做。**

大概所有文案写作者都有办法做到“K”，你很难找到一篇完全不谈及产品属性的文案；很多人能做到“C”，就算是毫无热情的雇佣文人，或者乳臭未干的菜鸟，也都知道你总得要求点什么；但很少有人能做到“F”，即能够打动消费者，去努力激发他们的情感——换句话说，让他们有感受。

就像我在前面说过的，消费者买东西的决定是情感反应的结果。知道这个对文案写作有什么帮助呢？因为，激发消费者情感反应的过程更有趣，也更有挑战性。你需要讲故事，画图画，让消费者沉浸在你的宣传语中，带着他们跟你一起感受。

如果你按照 KFC 制订写作计划并严格执行它（有计划为什么不执行呢），你会发现你的标准很高。写出让消费者激动（或者担忧）的文案，并不像想象的那么困难。你只要多思考，多下功夫，那么你得到的回报一定会对得起你的投入。本书后面还会讲到一些写作技巧，可以帮你做到 KFC。

第 9 章
要清楚你究竟在推销什么

我们大多数人在坐下来写文案的时候，都会思考推销的是什么。然而，**我们关注的焦点常常是“产品是什么”，而不是“产品能做什么”。**这很自然。如果你为复印机厂商写文案，你自然会花很多心思在复印机上。如果你为设计师款眼镜的零售商写文案，你自然会花力气琢磨眼镜。

问题在于，按照这个路数你写不出有说服力的文案。你可能描述得很到位，但仅靠描述产品很难把产品推销出去。**千万不要让生产人员介入文案写作，因为他们陷在产品属性里，跳不出来。**让一名复印机工程师描述自己的工作，他会说“设计复印机”。而你作为一名销售人员，应该把他的工作看成是“设计节省人力的设备”。

推销设计师款眼镜也是一个道理。与普通眼镜相比，设计师款眼镜不是为了让人看得更清楚（看得清不清楚主要取决于镜片），而是让人感觉更高档。

消费者在乎的不是产品本身，而是产品能为他们做什么。省时间？省钱？戴着漂亮？看起来像成功人士？看起来很富有？听起来很耳熟吧，我们又回到利益描述的话题上了。了解产品的全部信息的确对你的写作很有利，但是要想把产品卖出去，你必须对产品属性进行戏剧化处理，强调这些属性能带给消费者哪些利益。

同一件产品在生产人员和消费者的眼里是截然不同的两样东西。请看下面三个例子。

产品：昂贵的钢笔
表面：书写工具 表面上与它竞争的产品：圆珠笔、铅笔 实际：身份的象征、高档礼品 实际上与它竞争的产品：设计师款钱包、奢侈品牌手表、珠宝
产品：哈雷摩托
表面：个人交通工具 表面上与它竞争的产品：其他品牌的摩托车 实际：反叛与自由的象征，拒绝衰老的护身神器 实际上与它竞争的产品：跑车、植发、男性整形手术
产品：彩票
表面：赌博产品 表面上与它竞争的产品：宾果摇奖机、老虎机 实际：逃避现实的廉价娱乐方式 实际上与它竞争的产品：杂志、巧克力

文案写作练习：你究竟在推销什么

为什么不用你自己的产品或服务来做练习呢？

产品：

表面：
表面上与它竞争的产品：
实际：
实际上与它竞争的产品：

现在你已经弄清楚产品的本质，那么写起来会更得心应手。之前，你只能简单地描述产品，现在你能够描述产品给消费者带来的好处了。

去展示，别干说

销售教学里有一句老话：“去销售，别干说。”这个部分的核心观点是把重点放在利益描述上，而不是属性描述上。所以把这句老话稍做改动，会更适用于文案写作，即“去展示，别干说”。

我们要给消费者画一幅画，向他们展示，用了我们的产品，你的生活会怎样，不用我们的产品，你的生活又会怎样。

文案写作工具箱：画画

要想向消费者展示产品能带给他们的利益，一个简单有效的方法是用“请想象……的情景”开头。推销豪华游轮行的文案常用这个办法，非常有说服力。这种方法能让你直奔利益描述的重点，还能让你的描述更加直观。

“生活中没有你们的产品”，那幅画面的色调一定是灰暗的。你在向消费者暗示消极的后果，一个暗淡的未来……然而你要笔法轻巧，不着痕迹，别把消费者弄得愁眉苦脸。

利用消极后果

你可以通过回答下列成对的问题，走进消费者的内心，找到最奏效的信息。不要让看似复杂的过程影响了你的写作进度，你只要按照程序往下做下来即可。每对问题互为镜像，对于角度不同的问题，答案也会有细微但重要的区别。有时，你甚至能从答案里找到有说服力的句子，直接用在文案里。问题如下：

（1）如果消费者买你的产品，会发生什么？

（2）如果消费者买你的产品，不会发生什么？

（3）如果消费者不买你的产品，会发生什么？

（4）如果消费者不买你的产品，不会发生什么？

我发现列成表格很有帮助。例如，我希望你订阅我的电子月刊《马斯林论市场营销》。

不买我的电子月刊	买我的电子月刊
会发生	会发生
□ 决策依据只有自己的想法	□ 成为一个更好的文案写作者
□ 错过一个有价值的意见来源	□ 获得免费的文案写作技巧
□ 落后于你的同事	□ 拥有一个每月更新一次的意见来源
不会发生	不会发生
□ 不知道你的同行有哪些资源	□ 不会犯简单的错误
□ 了解关于文案写作的最新思考	□ 不会一成不变
□ 没有新的灵感来源	□ 不必担心没法让作品保持新鲜

第10章
用文案必杀技AIDCA来设计文案

20世纪50年代，在美国，家庭日用品电视广告文案的写作者曾使用过一个简单的缩写，即“AIDA”。这个方法早在电视广告出现之前就有，过去100多年里的每个推销员都知道它的核心要素，不过说法可能不完全一样。这个缩写代表的是，关注（Attention）、兴趣（Interest）、欲望（Desire）、行动（Action）。

要想做到成功推销，你首先要获得潜在消费者的关注，让他们对你的文案感兴趣，其次让他们对你的产品产生欲望，最后促使他们采取行动。

这个时代人们多疑甚至愤世嫉俗，因此你需要说服潜在客户或消费者相信你。我们应该把“说服”加进去，将这个缩写扩展为“AIDCA”，即关注、兴趣、欲望、说服（Conviction）、行动。

这是写出优秀文案的超级良方，适用于书面写作和网络写作；你应该把它放在工具箱最上面的一格。让我们再详细地把这个过程走一遍，了解如何在实际写作中应用它。

文案必杀技之“A”（Attention）：引起消费者的关注

你想要跟别人交谈，首先要得到对方的关注，否则你不过是白白浪费口舌。文案写作也是一样，**消费者如果没有调到你的波段，他们就收听不到你的节目，所以我们一定要吸引消费者的关注。**但具体怎么做呢？文案标题起的就是这个作用。

如果你在写一封推销文案，标题就是你引起消费者关注的第一次机会（也可能是最后一次）。

1. 什么样的标题最有效

一家美国大型广告公司用以下方法测试平面广告标题的效果：使用三个不同的标题刊登同一则广告，一个标题重在传递信息，一个标题重在承诺利益，还有一个重在引发好奇心。

你认为哪个标题会胜出？

我在文案写作研讨班上请学员们给这三种标题投票，他们通常会选择引发好奇心的标题。我猜他们的想法是这样的：人天生具有好奇心，所以如果你给消费者出一道题，他们自然想知道答案。但是，这个逻辑在现实中行不通。

如果你的标题这样写：文案写作者为什么像杏脯。

大多数人的反应是："我不知道，也不在乎。"

你要记住，就杂志里的广告单页而言，你的文案会埋在一堆评论文章当中，而那些才是消费者花钱买来想看的东西。他们为什么要撇开自己感兴趣的内容，去猜你写下的"小谜语"呢？如果消费者想做题，他们会去做数独。

如果你的标题这样写：文案写作者怎样帮助你将销量翻番。

我想消费者会有兴趣看下去。

事实上，这家广告公司后来更进一步，让测试用的标题综合了上述三种要素——也就是说，**同时具有传递信息、承诺利益和引发好奇心三种功能的标题最有效。**

标题可能是文案中最难写的部分。你必须阻止消费者翻页、删除你的电邮或者把你的直邮广告扔进垃圾箱。你必须概括产品带给他们的主要利益，必须引导消费者阅读正文；这一切都要浓缩在十几个字的标题中。

不过，在标题上下功夫是值得的。**看标题的消费者，数量是看正文的消费者的 4 倍，**所以你必须舍得在标题上花时间。

2. 什么时候写标题

对这个问题，有两派意见。一派认为，第一步就应该写标题。虽然这样做会花费不少时间和精力，但一旦写好了标题，正文写起来自然得心应手，水到渠成。

这种做法的缺点是，你可能整个上午都要盯着空白的屏幕发呆，憋得能把脑门挠出血来。

另一派认为，应该先写正文，在写的过程中对你要推销的产品滚瓜烂熟。完成正文之后，要么是标题已经碰巧出现在写好的正文里了，要么是你的思路已经打开，能够轻松地想出一个浓缩了正文核心思想的标题。

这种做法的缺点是，最后写出来的标题可能匠气太重，也有可能你最后没剩下多少时间去思考标题。

我一直在讲“一个”标题。实际上，你应该想出至少十几个标题，然后选一个最好的，或者把你最得意的几个标题加工整合起来。但这并不容易，甚至可以说非常难，也正因如此，像我这样的人才能以替别人写文案为生。

两种标题的写作方法不分对错，你需要自己去尝试，看看哪种更适合你。但我有个诀窍，如果你选择第二种写法，也就是最后写标题，那你一定要在文案的开头先随便写个标题占位。

对于标题，我还有一个观点：**即使标题从语法上看是一个完整的句子，也不要使用句号。**为什么呢？想想看，消费者看到句号会怎么想？是的，他们不想再读下去了。[①]对你来说，这是最不希望发生的事情。不用句号，相当于暗暗鼓励消费者去寻找第一个句号，吸引他们去读正文。后面我们还会详细探讨这个话题。

3. 标题应该写几个字

“我的标题应该写几个字呢？”

这是一个很难回答的常见问题。

这里有三个答案：

“需要写几个字就写几个字。”

“10~14 个字。”

“不超过 1 行。”

有一个非常有名的人寿保险广告标题，效果十分震撼：“死有钱拿，不死也有钱拿”。

一共 10 个字，其中“钱”和“死”两个字让消费者在感情层面感到震撼，很有力量。

记住，标题不需要面面俱到，只要能够吸引消费者的关注，激发他们读下去的兴趣，就已达到目的。总而言之，越短越好。别的不说，至少在版面上你可以让短标题的字号大于正文，这也有助于抓住消费者的眼球。

---

① 句号的英语是“full stop”，其中“stop”意为“停止”。

文案写作工具箱：标题速成法

如果你在标题上卡住了，试试用“如何”和“现在”。

☐ 这个销售经理如何在每个季度都提前足足两个星期完成任务

☐ 如何在不降低生活质量的前提下节省日用品花销

☐ 如何在城市丛林中生存

☐ 现在，有一个每次都能做出完美煎蛋的新方法

☐ 更优的质量，更低的价格，就是现在

☐ 现在，把你的高尔夫差点降下来吧

4. 用图片吸引顾客

吸引消费者注意的最简单的方法是给他们看一张醒目的图片，这一直是报纸的做法。问题是，如果你推销的是滚珠轴承呢？或者是管理报告呢？再或者是砖头呢？而无论你推销的是什么，下面三种图片是你不应该使用的。

（1）产品搭配半裸女性（除非你在推销女士内衣）；

（2）商务人士假惺惺的相视而笑；

（3）斑马、鲨鱼、猫、斑点狗或任何其他动物。

相反，**你要展示使用产品或者与产品有关的情境。**你觉得很枯燥的情境，对你的消费者来说未必枯燥。你可以聘请一名专业摄影师，调好光并从有趣的角度拍摄。

文案必杀技之“I”（Interest）：让消费者对产品感兴趣

好的，你现在已经成功地吸引了消费者，他们没有翻页，没有点击删除键，也没把你的宣传页揉成一团扔进垃圾桶。下一步呢？现在，你需要让消费者对你推销的东西感兴趣。我们已经知道，消费者不是对产品感兴趣，而是**对产品能为他们做什么感兴趣。**还记得我们的 WIIFM 电台吗？是时候开始大声而清晰地广播了！

你的消费者碰到了难题。这个难题可能是压力大、烦闷、孤独、不满、饥饿或者怀才不遇。你要想办法把你的产品和他们的问题联系起来，给他们提供解决方案。

一种方法是，告诉他们，你了解他们的感受，这相当于搂着他们的肩膀表示安慰。然后，你可以承诺帮他们解决问题，而他们需要做的就是买你的产品。你要确保你的文案写的是解决方案，而不是问题，否则就有点儿消极。

试试回答下面这个问题：如果消费者按我说的做，他们的工作或生活会有哪些改善呢？**文案的第一句话或者第一段就要回答这个问题，不要让消费者等待。**由于你并不能确定消费者的真正兴趣所在，那就把你能想到的产品利益都写出来，且尽可能地给出具体、有针对性的例子。

1. 确保你的文案做到 FAB

在第 5 章，我们区分了产品利益和产品属性，而两者之间还有一个过渡点，即产品优势。请记住 FAB 公式的顺序：属性（Features）、优势（Advantages）、利益（Benefits）。

属性是有关产品的客观信息，优势是一个产品优于其他产品的地方，利益是优势给消费者生活带来的变化。例如：

属性：这辆车配有双氙气大灯。

优势：双氙气大灯的照射距离比传统的卤素大灯远 30%。

利益：双氙气大灯可以使你在夜间行驶时更加安全。

2. 什么是产品利益

只要消费者觉得有价值，或能让消费者的生活变得更轻松，产品或服务的任何功能就都是利益。请看下面这个利益清单：

□ 赚钱

□ 升职

□ 省钱

□ 减少废品

□ 让钱更禁花

□ 受法律保护

□ 省时间

□ 快乐

□ 拥有好莱坞明星式的微笑①

□ 理想的居所

□ 更充分地享受生活

□ 梦寐以求的假期

□ 保持健康

□ 内心平静

□ 养家

□ 减轻体重

□ 保证家人平安

□ 拥有完美身材

□ 帮助孩子学习

□ 每晚安睡

□ 交朋友

□ 不再担心债务

□ 获得尊重

这个清单可以继续列下去。现在请告诉我，消费者了解到产品利益之后，你最不想他们问什么问题？是的，就是“那又怎样？”

① 好莱坞明星因为有漂亮的牙齿，所以可以放心地咧嘴大笑。

文案写作工具箱：“那又怎样”测试

请朗读你的文案中你认为描述利益的一句话，然后想想消费者听到后的反应。如果他们说“那又怎样”，那么这句话就不是利益描述。什么时候消费者觉得自己这样说很愚蠢，那你的文案才描述到位了。

文案写作练习：属性与利益

拿一件日常物品来做这项练习，除非你的产品正是日常用品，否则这比用你的产品做练习有趣多了。

在一张纸的左侧写下这件物品的属性，然后将每个属性描述成利益，写在右侧。请充分发挥你的想象力。

物品：曲别针

属性	利益
重量不到1克	别在信件上不用多付邮资
用铜线制成	不会因为折断造成文件散落
可回收	很环保

物品：曲别针	
属性	**利益**
表面光滑	不会撕裂或划开纸张
有多种颜色可选	易于分类和查找文件
表面镀锌	不会腐蚀和弄脏纸张
每盒有 200 个	可以用很久
本国制造	用心制作，质量上乘，购买它就是支持国货
椭圆形	可以更牢固地夹住文件
可以抻直成一根铜线	可以用来捅开 iPhone 的 sim 卡槽

3. 可以作为卖点的三种利益 NIB

我们可以把产品利益归纳成三种不同的类型：高尚（Noble）、即买即得（Immediate）、迎合本性（Basic）。这三种利益都很重要，对消费者的影响略有不同。

（1）“N”代表高尚

人们乐意承认自己被高尚的理由所左右。假设你的消费者是首席执行官，而你的产品能够让他们在退休后为公司留下一些“遗产”。

这里，产品利益就是“能将你的智慧和经验传承给下一代工商界领袖”。首席执行官们热衷于打造自己公正无私、关爱他人的对外形象，所以这种利益吸引对他们来说是百发百中。

（2）“I”代表即买即得

每个产品都应该提供这种利益，如免邮费、买四赠一。如果不去提供，那不是因为愚蠢，就是因为偷懒。当然，买四赠一听起来更像是促销手段，而不是产品自身带来的好处。

（3）“B”代表迎合本性

我们在第 2 章讨论过，你必须了解促使人们购买的真正动因。对于首席执行官来说，利他主义不大可能是他们购买产品的原因。什么样的人会有动力、野心和狠劲爬到最高位置？一定是极度自负的人。

对这样的人，产品利益必须要迎合他们的“自负”。告诉他们，“我的产品能让你光鲜亮丽”，他们可能就会动心。

此时，在描述利益的时候，最好要具体，让我再说得更坚决一点儿：**一定要具体。**如今，人们不大相信销售代表的话，也或许一直都是这样。不信有不信的道理，“是的，没错，你会帮我省钱。”每个人都这样说，“但我为什么要相信你呢？”

你说得具体，别人才愿意相信你。换句话说，你要告诉对方你能帮他们省多少钱。比如，你的标题可以这样写：“沃特金斯神奇小工具是怎样帮办公室经理每月省掉 3250 美元的”。

文案写作练习：怎样具体地描述利益

让我们随手列出一些产品利益，看看你能否想出具体的描述方式。第一条我已经提供了参考答案。

赚钱

不必辞职，每月多赚 1000 美元。

省钱

______

让钱更禁花

______

省时间

______

更充分地享受生活

______

保持健康

______

养家

______

保证家人平安

______

帮助孩子学习

______

扩大朋友圈

获得尊重

升职

减少浪费

受法律保护

快乐

理想的居所

梦寐以求的假期

内心平静

减轻体重

文案必杀技之“D”（Desire）：激发消费者的购买欲望

对某样东西感兴趣是一回事，想出手买是另一回事。如果人们感兴趣的东西是一个集合，那么人们愿意出手买的东西只是其中一个很小的子集。

因此，你必须将自己推销的产品纳入这个子集。人们愿意买的东西有一个共同特点：当一个人想要一样东西的时候，他会说服自己的确有这个需要。为此，他会编造理由。

这里有一个简单的方法可以辨别需求和欲望。我在写作研讨班上带着学员做过一个测试，所得到的结果总是相同的。

想象有一组人，由 10 位女性组成。

请小组里买过不想要的鞋子的人举手。举手的人不多。

请买过不需要的鞋子的人举手。举手的人很多。

换成一组男性也可以，把鞋子换成汽车配件。

文案写作练习：需求和欲望

我们有四类产品，分别用 A、B、C、D 来代表人们对它们的需求程度和欲望程度。

A　低需求、低欲望 ________

B　低欲望、高需求 ________

C　高需求、高欲望 ________

D 高欲望、低需求 ________

请按照推销的难易程度，用数字 1~4 对四类产品进行排序，写在后面的方框内，“1”代表最容易。

现在，你要推销的产品实际上属于哪一类并不重要。当然如果是 A 类产品的话，重要的是你如何进行描述。你必须激发消费者产生对 C 类产品的感觉，也就是既有需求，又有欲望。

下面是几个能够激发消费者的消费需求和消费欲望的技巧。

1. 贴近生活

我写本书第一版的那年，买了一部老爷车，当时车行正在对车进行翻新。买这部车时，我是做过预算的（包括翻新的费用）。但当我坐进车里的时候，钱就变得没那么重要了，因为我真的想要这部车。

我已经开始想象，我开着它行驶在乡间小路上，闻着它真皮座椅的气味，感受它木材仪表板的质感，听着它别克 V8 发动机低沉的声音——哦，天啊，我实在太想拥有这部车了。在我心里，这部车已经属于我，我的生活里已有它的存在。

如果我要为汽车翻新公司写一本宣传册的话，我就会这样写。让消费者成为故事的主角，讲述他们的故事，讲述我的产品让他们的生活变得多么美好。

如果你的卖点不是满足需求，而是解决问题的话，那你可以描绘一幅惬意和谐的图景，然后告诉消费者，他们如果购买你的产品，就会拥有这样的生活。如果不买你的产品，他们就只能带着问题将就着生活下去。

2. 限制供应

想让消费者对你的产品产生欲望，或许最简单的方法是以某种方式限制供应。更确切地说，你有两种方式可以选择。

你可以通过设定截止日期来限时供应，也就是说，截止日期之后不再提供产品。迪士尼公司在推销电影录像带时成功地使用了这个方法。你也可以对这个方法进行微调：一直供应产品，但只在一个限定的时段提供优惠价格。

或者，你可以直接在数量上限制，例如限制一次会议或者一场活动的参加人数，就像这样："参会需求十分旺盛，我们仅可容纳 120 人。参会申请严格执行先到先得原则，报名从速。"

你也可以把限制供应称作"eBay 效应"。无论你是否在 eBay 上买过东西，你都能注意到，在拍卖接近尾声的时候，人们会近乎疯狂地购买。喜欢买便宜货的心理驱使着我们，谁都不愿意错过占便宜的机会。

尽管经济学家米尔顿·弗里德曼（Milton Friedman）宣称“世上没有免费的午餐”，但人们都相信自己能买到没有任何附带条件的便宜货，然后以胜利者的姿态转身离开。把你对人们的这种心态的把握用在文案写作中，你就找到了成功推销的捷径。

文案写作工具箱：欲望驱动

你可以用下面这些内容来吸引消费者购买你的产品：

他们是被特意挑选出来的；

他们是首批收到这份优惠的人；

他们敬重的人已经购买了这款产品；

只有你的产品能够给他们想要的；

他们要是不买就会输给竞争对手；

供应有限，免费样品只有10件，1月15日之后不再提供；

你的产品比其他人推荐的产品都好；

你让他们购买产品的过程变得十分轻松。

文案必杀技之“C”(Conviction): 说服消费者下决心购买

现在，你已经获得了消费者的关注，激发了他们对产品的兴趣，也想出了一些能够吸引他们购买的办法。基本上万事俱备，你可以开始动笔了（不要着急，本书下一部分会讲到很多具体的写作技巧）。但是，消费者还没有购买，他们的信用卡还在钱包里，他们还没有授权扣账付款——你还没有说服消费者。

说服消费者克服犹豫心理是我们面临的最大挑战。他们不是完全不想买，但总会有些因素令他们不肯出手。有时候是因为人天生的警惕性，有时候是单纯的怀疑。不管怎样，**我们都要多做工作。一定要让他们相信，买比不买给他们带来的风险要小。**换句话说，他们要是不买就吃亏了。

要说服消费者，你必须让他们感到购买是安全无风险的。

你可以试试下面几个方法。

1. 用户好评

如果消费者不相信你，他们可能会相信你们已有的客户。因此，客户的推荐和好评非常有说服力。在你的产品目录、推销信、电子邮件、网页、广告里，这样的好评和推荐应该随处可见。

让我们先迅速地做一个练习。

文案写作练习：署名问题

下面是同一条用户好评的四种不同表述方式，请你按照可信度从高到低进行排序。

A. 这无疑是市场上最有效的家庭杀虫产品。

B. “市场上最有效的家庭杀虫产品。”——一位来自巴黎的满意用户

C. “这无疑是市场上最有效的家庭杀虫产品。”

D. “我过去每天花好几个小时在家里打蚊子，但现在用不着了。感谢你，害虫净（Bug-B-Gone）。”——玛丽－弗朗斯·杜邦女士，37岁，来自巴黎

你会把哪个排在前头？我猜一定是最后一个。这就是为什么你一定要给用户好评署名。不署名或者署名不完全，都不足以说服疑心重的消费者。你有没有发现使用引号很有效果呢？

2. 开门见山

每当我建议委托方在宣传活动中使用用户好评时，有些委托方能马上拿出一沓子满意用户发来的信件和电邮，有些还没开始收集，另一些委托方则仍然有点担心：“你确定消

费者会明白我们是什么意思吗？”消费者当然会明白，因为你会告诉他们。

下面是收集和使用用户好评五步法。

第一步：选择叙事人。

你要选择喜欢你的人来讲故事，如你的朋友或者仰慕者，因为这些人会为你和你的产品说好话。所以四处打听一下，跟你们的销售团队谈谈，问问他们最好的客户是谁。

或者也可以在你们的数据库里搜索。有谁 5 年来甚至超过 5 年一直定期买你们的产品？有谁最近再次购买了你们的产品？上个季度谁在你们这里消费最多？我想你心里已经有谱了。这些人就是你要选的叙事人。

第二步：选择执笔人。

很显然，你想要强化一些信息。既然你的客户都很忙，为什么不替他们来写用户好评呢？你也可不必自己写，而是找我这样的人（文案写作专家）代劳。

但要记住，用户好评的语气一定要与众不同，甚至与整个文案格格不入，这样听起来才会让人感觉真实。

第三步：得到客户同意。

给客户打个电话，说明你的想法，请他们帮忙（大多数人都愿意帮助朋友），挑出三种版本的好评，供他们选择。这样，他们会感觉到决定权在他们手里，而不是被你刻意引导。你还要跟他们说，如果他们有修改意见，可以直接修改。

最后，请他们在选定的好评后面署名，发回给你。大功告成，好评到手了！

第四步：自然逼真的感觉。

如果你有时间的话，最好的收集方法是打电话给客户，听听他们怎么说。如果听到你想引用的话，那就把这些话记录下来，然后发给他们，征得他们的同意后，就可以使用。

如果客户亲自写了用户好评或者修改了你提供的草稿，你千万不要将之进行编辑。客户“不专业”的风格和奇怪的标点符号错误，会带来你想要的自然和逼真。

第五步：充分利用用户好评。

既然花了这么大力气拿到了用户好评，不充分发挥它们的价值就没道理了。一定要把它们作为“客户的评价”，放在广告宣传文案中。

你可以把这些用户好评集中起来作为文案的一个部分，也可以分散在文案的各处。告诉平面设计师，用户好评是宣传品的重要组成部分，要认真对待。至于具体如何处理，取决于目标消费者和文案的整体风格。我这里有 3 条建议：

（1）使用与正文不一样的字体，或者加一点不同颜色的阴影；

（2）引号用超大字号；

（3）从正文中分离出来，独立成段。

不管怎么做，目的都是要抓住消费者的眼球。这相当于告诉消费者：“嘿，这部分内容很重要，但它不会影响你阅读整篇文案的流畅感。”

3. 还有什么能帮助你说服消费者

想想你最近买过的昂贵商品，是什么说服你买的？是什么让你感觉购买是安全的（风险不高）？销售人员或文案中一定提到了下面的某一条。

- □ 一份免费小样
- □ 统计数据（例如关于产品的可靠性或优异的性能）
- □ 一次免费试用
- □ 媒体报道（当然是正面报道）
- □ 第三方背书
- □ 退款保证

不要以为你只能选择其中一条，如果可以的话你应该把它们全都用上。如果你只有一条用户好评，那就用上它。如果你有 50 条，那就全都用上，尤其是在空间足够大的网页上。这类信息可以给消费者带来最大程度的安全感，所以多多益善。

文案必杀技之第二个“A”（Action）：让消费者行动起来，下单！

还记得我提到的那条还不错的标题吗？“今天就购买沃

特金斯神奇小工具”。

这是一个行动号召。如果消费者常用这类产品，可能看到标题就会购买。这正是文案的最终目的。

行动号召可以贯穿整个文案。说到底，你应该多给消费者创造停下手头的事情，开始下订单的机会。传统的销售人员会从潜在买家身上搜寻想要购买的信号，一旦发现信号，他就会停止推销，开始做交易。这样的信号相当于现在推销电邮里的超链接，它的作用是，在消费者已经充分了解产品并准备购买的时候，他们可以直接点击进去下订单。

在发出行动号召的时候，你需要规避以下几个问题。

避免歧义　不要让消费者感到困惑。如果你推销的是 A 产品，而消费者以为你在推销 B 产品，那就太糟糕了。

避免啰唆　文案可不能写成长篇大论，一定要直奔主题。

避免模糊　别让消费者猜你想让他们做什么。

要得到消费者积极的回应，你的行动号召应该做到：**简单、短小、直接、清晰。**

☐ 提供多种订货方式：电话订购、电邮下单、网页购买

☐ 提供一张清晰、易于填写的订购表单

☐ 使用祈使句，如“现在就下单购买吧”“请在 1 月 15 日之前预订”等。消费者未必照做，但你需要推他们一把。这个时候，语气千万不能太客气：“如果您愿意订购的话……”

文案写作工具箱：从后往前写

如果你想让自己开启推销模式，那就先写行动号召部分。这有助于你解决思路阻塞问题，更加关注目标。其实，做了这么多准备，你不应该再遇到思路阻塞的问题了。

划重点

△ 无论写什么，如果没有计划，你写的时候就会感到十分吃力，更别提写出有说服力的文案了。

△ 你需要在计划的最上面陈述你的目标，也就是你想实现什么。

△ 记住 KFC 快餐记忆法。你想让消费者知道什么，感受到什么，去做什么。

△ 弄清楚人们购买你们的产品的真实原因，而真实原因并不总是那么显而易见。

△ 不管是写互联网文案还是印刷品文案，请遵循文案必杀技 AIDCA 来设计文案结构，合理的结构可以为你节省很多时间。

第三部分

有效的和无效的写作技巧

“言语理同日晖，愈浓缩，灼人愈深。”

——罗伯特·骚塞（Robert Southey，1774—1843），英国诗人

第11章
有效的写作技巧

你已经确认了你所针对的消费者群体，认真思考了促使他们购买你的产品的内在驱动力，拿出时间做好了文案计划，也弄清楚了产品能带给购买者的利益。你还敲定了文案的结构，确信它能吸引消费者的关注，激发他们的兴趣，勾起他们的欲望，说服他们下决心购买，并发出下单的行动号召。现在，到了最磨人的部分，那就是写。

在这个部分，我们会详细讨论如何写作，包括如何写出掷地有声的句子，如何选择真正能把你跟消费者联系起来的词语，如何使用合适的语气营造友好关系。

有效的写作技巧一：始终关注消费者

你写的每个句子、每个词语都要对消费者有意义。好比在钓鱼收线的时候，你必须绷紧鱼线，这样你才能安稳地把鱼收入网兜。如果稍有放松，鱼就会跑掉。同理，平淡松垮的文案会让消费者失去兴趣。

无论你写哪种文案，网页广告也好，推销信也罢，**第一个句子是让消费者“上钩”的最好机会。**你可以直截了当地谈论他们所关切、需求和渴望的。这样，你会得到他们的全部注意力。即便未必是全部注意力，但也足够让他们把你写的文案继续读下去。

从现在开始，你必须把消费者摆在核心位置。想象他们就坐在你的对面，你们在交谈。试着评估他们对每一个句子的反应，他们觉得你讲的东西有意思吗？他们向窗外看了吗？他们把目光转移到手机上了吗？我之所以如此在意这一点，是因为我有过教训。

在早年做推销的时候，有一次我坐飞机去法兰克福，与日本的一家大型电子公司进行会谈。我很紧张，所以事先朗读演练了很长的产品介绍文字。那时候，还没有文稿演示软件，所以我随身带了两份装订好的印刷材料，准备分发给两位经理。

我开始介绍。其中，产品经理是德国人，他好像感觉到我有点紧张，在我吃力地逐页介绍时，一直很有礼貌地听我说。这份材料讲的全是我们的产品，还讲到我们作为一家研究机构的历史和发展。高级经理是日本人，我开始介绍后不久，他就站起身来，走到窗边，看着楼下的法兰克福会展中心，开始打电话。

大约 45 分钟之后（到现在这一点仍然让我汗颜），他放下电话，回到座位上，看着我的眼睛，大声说："空调。"

"您什么意思？"我问。

"我想了解欧洲空调市场的所有情况，这很重要。"

然后，他给我提出一长串要求，其中包括很多家公司的名字。他认为，这些公司应该有兴趣跟他们在空调市场调查方面合作，一起承担这个大型咨询项目的费用。

现在想来，当年我本该这样做——走进会议室，握手，然后问："你们现在最优先考虑的是什么事？"他们会回答我。整个会谈本可以全部用来讨论他们的需求，而不是介绍我本人和我的公司。

我的公司最后拿到了订单，但这恐怕跟我在那次会谈中的表现没什么关系。

有效的写作技巧二：简洁

我们都有该停笔的时候却停不住的倾向，可能是因为文思泉涌，也可能是因为我们根本就停不下来。

重要的话题需要长篇大论，但这是一个普遍存在的错误观点。例如，人们认为，大项目需要写大部头的计划书，所以写计划书的人被迫说很多废话。我最喜欢看计划书的"背景介绍"部分（坦白地说我也用过）——在这里，倒霉的广告人要给委托方描述其公司，例如：

“伍尔弗汉普顿市（Wolverhampton）的沃特金斯小工具公司（Watkins Widgets），是西米德兰兹郡（West Midlands）、黑区（Black Country）及伯明翰都市区（Birmingham）首屈一指的成品和定制小工具制造商。”

上述文字是从委托方的网站上原样照搬来的，所以你肯定会奇怪，这究竟是写给谁看的呢？

战争是非常重大的历史性事件，战事指挥官就需要长篇大论吗？未必！1942 年 8 月 10 日，温斯顿·丘吉尔先生（Winston Churchill）给中东战区总司令亚历山大将军（General Alexander）发了一封非常简洁的电报，感受一下它蕴藏的力量：

“你的首要任务是尽早战胜由陆军元帅隆美尔指挥的德意联军，并摧毁他们在埃及和利比亚的所有军需和基地。”（英文原文共 34 个单词：Your prime and main duty is to take and destroy at the earliest opportunity the German Italian army commanded by Field Marshall Rommel together with all its supplies and establishments in Egypt and Libya.）

安东·契诃夫（Anton Chekhov）说过：“简洁是才华的姊妹。”要想不浪费你作为优秀文案写者的天资，你就一定要毫不动摇地追求极致的简洁。然而……

有效的写作技巧三：长篇文案

我从 1986 年开始干直销。在这个领域，测试结果无一例外地证明，长篇文案比短篇文案更有吸引力。这种说法够大胆，需要做些解释。对很多人或者大多数人来说，这是大错特错。不是说简洁很重要吗？没人会坐下来读一整版的平面广告或者 8 页长的推销信，对不对，对不对？

呃，事实证明，的确有人会。跟短的文案相比，长的文案更容易促使受众来电询问或者下单购买。

最有名的长篇文案可能是路易斯·恩格尔（Louis Engel）为美林银行写的一则平面广告。恩格尔曾担任《商业周刊》（*Business Week*）的主编，后受雇于美林银行创始人查尔斯·美瑞尔（Charles Merrill），担任美林银行合伙人。

这则广告占《纽约时报》整整一版，共七栏，字号极小，没有图片，全文 6540 字。

看了广告之后，有超过 10000 人前来索要广告末尾处提到的《产品手册》——顺便说一句，广告可没有附加优惠券，也没有设计激发消费者回应的手段。

由此看来，文案的篇幅并不重要，消费者对广告内容感不感兴趣才重要。

我曾经遇到过对篇幅要求十分严格的客户。例如，推销信得是 2 页而不是 4 页，电子邮件得是 100 字而不是 2500 字，网页广告得是1屏而不是10屏。在大多数情况下，长篇文案更难起到作用。对你是否适用呢？我不知道。你只能自己尝试。

如果你按照我的建议制订了方案计划，那你手头应该有很多可以引起消费者兴趣的素材。换句话说，如果你有机会到消费者家中或办公室拜访他们，你希望他们跟你谈5分钟还是1小时呢？这个问题由你自己回答。

有效的写作技巧四：讲故事

人类天生喜欢听故事，早在有文字之前就有故事了。但这并不是说，你的文案必须用“从前”来开头（我曾为一家大型全球出版商写过一份用“从前”开头的计划书）。你要想办法把故事编进文案里，让消费者欲罢不能。

如果是推销信，你可以这样开头：

亲爱的史密斯先生：

与您一样，乔治·布朗也有兴趣投资股票市场。乔治使用了一个简单的投资技巧，在一年里赚到的钱足够他在35岁退休，再买艘游艇，那可是他童年的梦想。

如果是网页广告，你可以这样描述你的服务：

我们怎么合作呢？我本可以给您写一篇有关高管培训历史和发展的文章，但我想给您讲个故事。

大卫是一位十分称职的信息高级主管。公司的首席执行官认为他有成为下一代商业领袖的潜力，所以把他推荐给公司董事会。随着得知好消息的喜悦和自豪感慢慢消退，大卫感到一丝疑虑。他说：

“突然之间，我要承担一系列与信息管理毫不相关的新责任。我怎么让董事会相信我的意见权威可靠？我的目标是什么？在不丢掉我的核心价值观和信念的前提下，我在这个新岗位上能走多远？”

当然，任何一个案例研究本身就是一个故事。在上面这个例子里，有人物、情节和对话。但是，一定要让故事的各要素与消费者相关。别忘了本章讨论的第一点：关注消费者。

有效的写作技巧五：提问题

在跟人交谈的时候，你很容易引起对方的注意。你们有眼神交流，有身体语言，有声调的高低变化。最重要的是，你们在对话，在互相提问和回答。使用书面语言，你就放弃了以上这些技巧。不过，你可以用下面几种方法来模拟谈话。

首先就是提问题。如果你从未尝试过这种写法，可能会觉得有点勉强。但请相信我，无论是写标题、写第一段、写网页广告还是印刷品文案，这种方法都管用。问某人一个问题，我保证他一定会思考答案。

即便你的问题出现在长篇推销信的中间部分，消费者也能注意到。因为人性使然，你还可以吊足消费者的胃口，先告诉他们，你后面会提问题。

在举例之前，我们先把问题进行分类。

1. 封闭式问题

封闭式问题有明确的答案，是或否。

您愿意购买 X 产品吗?

您是否曾希望拥有 Y 产品呢?

您会参加 Z 产品的推介会吗?

这类问题对销售十分有利，可以督促消费者克服犹豫心理，做出购买决定。

2. 选择式问题

选择式问题应提供几个可选答案。

您想要蓝色还是绿色?

您希望参加周二还是周三的推介会?

您想喝点什么，红酒还是啤酒?

这类问题既能吸引消费者的注意，又不会让他们太费神去思考答案。

3. 开放式问题

开放式问题没有固定答案。

您最喜欢哪部电影?

有多少次您看电视的时候心里在想“这我也能做到”?

您最想和谁约会?

通过开放式问题，你把话语权交给了消费者，让他们有时间充分思考，而大多数人会喜欢这类问题。

开放式问题可以表现出你对消费者的尊重，能帮助你与消费者建立情感联系，并让他们不去留意你的真实意图。

例如，新闻报道的第一句话可以这样写：

为什么有些人能成为社交红人？

我想即便是最冷酷的记者也至少会去读下一句。记住，这就是你的目标。

如果你确信不会得到否定的答案，那就使用封闭式问题。但要问得巧妙，在消费者还无暇去想你的真实意图之前，你已经成功问出两三个问题，并得到肯定的答复。例如：

亲爱的弗雷德：

您想安心住在现在的房子里，同时把月供减半吗？您想多去国外度假，而不多花钱吗？您想在不增加财务成本的前提下，每隔一年换辆新车吗？这些都是白日梦吗？现在不再是了。请允许我解释……

有效的写作技巧六：建立友好关系

其实，“提问题”讲的是如何与消费者建立联系，或者按照字典里的定义，“在互相喜欢、信任、了解和分享的基础上，与他人形成感情纽带或者友好关系”。

找到连接你和消费者的桥梁，建立感情纽带，让他们感受到你了解他们所关切的，那他们就更有可能购买你的产品。但怎么找到桥梁呢？好的，除了提问题，你还可以做下面几件事。

（1）做些研究。

如果你知道消费者担心子女的安全，你可以这样写：

“现如今，父母都很忧虑，孩子要面对那么多诱惑，而父母则要考虑那么多风险。”

我们期待消费者点头或者认可的微笑，而你本人是否有子女则无关紧要。记住，你要走进消费者的内心，感受他们所关切的。

你还可以奉承消费者，夸他们聪明、重要、富有、漂亮，他们愿意听上一整天。例如：

“作为一名水平超群的团队管理者，您比大多数人更明白清晰沟通的重要性。”

文案写作工具箱：快速建立友好关系

如果你想让消费者感觉自己很聪明，那在陈述事实或描述他们的工作、行业或者全球形势的时候，先说“如您所知”。例如：

“亲爱的格林太太，如您所知，阳光和雨露不足以造就美丽的花园。”

（2）要使用合适的语言。

与《泰晤士报文学增刊》（*Times Literary Supplement*）、《哈佛法律评论》（*Harvard Law Review*）这类严肃刊物相比，你在推销《马克西姆》（*Maxim*）、《男人装》（*FHM*）等男性时尚杂志的时候，可以使用更接地气的语言。

有趣的是，语言风格的选取与消费者的教育背景、社会地位无关，而是取决于消费者与你的品牌或产品的关系。一位 35 岁的男性可能会同时订阅《男人装》和《哈佛法律评论》，但你绝不能把后者描述成“最适合从事法律工作的好色小伙儿和小妞儿”。

有效的写作技巧七：新鲜的创意

如果想把消费者从其他推销文案的云遮雾罩中拉出来，你的文案必须要有新鲜的创意。

你需要找到能刺激消费者的词语或概念，更重要的是，吸引他们拿起电话或者掏出信用卡订购产品。

创意是头难以捕捉的野兽，你越是奋力追捕，它在你的潜意识里藏得就越深。你需要放松，让创意这头野兽蹑手蹑脚地从你的潜意识里爬出来。下面 20 个激发创意的方法，有些可能对你来说不切实际，有些可能对你不适用，但我希望总有几个可以给你一些启发。

文案写作工具箱：激发创意的 20 个方法

（1）到河边散步。

（2）进行高强度体育锻炼。

（3）把想到的都写下来。

（4）不看电脑屏幕，拿出纸笔。

（5）使用你要推销的产品。

（6）为潜在买家画像。

（7）做五分钟呼吸练习。

（8）读一本艺术书。

（9）读诗歌。

（10）读一本汇总名人名言的书。

（11）读别人写的文案。

（12）想象描述一个双人场景，其中一人已经购买了你的产品。

（13）向外看，让头脑进入放空状态。

（14）问问你的朋友，怎样能说动他们买你的产品。

（15）想象自己在考虑买还是不买，然后想想你是怎么被说服的。

（16）打开创意记录本，看看平时收集的有创意的词语。

（17）阅读知名广告人写的书。

（18）把手机调成静音。

（19）离开办公室，到其他地方去。

（20）做些可口的东西吃。

第12章 无效的写作技巧

无效的写作技巧一：文笔华丽

还记得第一部分关于如何做计划的讨论吗？非常简单的KFC。我们想让消费者知道（Know）什么、感受到（Feel）什么、决定做（Commit）什么。

对小说家或记者来说，文笔华丽或许有用，但在文案写作中绝对不可行。文案就像一扇窗，透过它消费者能够看到外面的景象。**注意！消费者要看到的是景象，而不是窗子本身。**

但可惜的是，很多文案写作者——好的坏的都算上——太喜欢向消费者炫耀自己的才华了。例如：

“非洲猎豹是世界上跑得最快的陆地动物，它的奔跑速度为每小时112千米，这相当于每秒将5.8升氧气转化为纯速度，它让哈瓦那草原成为只有幸运的动物才能存活下来的赛道。

非洲猎豹自带的伪装掩盖了它的闪电袭击，迷惑了那些不知其凶险的猎物，它是真正的超级竞争者。

尖端牌家用办公碎纸机也是一个超级竞争者，它拥有最快的碎纸速度，可以同时粉碎 10 张 A4 纸。”

救命啊！你见过多少这样开头的广告？谁会认为这样占用宝贵的版面空间是合理的？是谁签字审批这条广告的？

无效的写作技巧二：滥用术语

想象一个场景。在尖端牌碎纸机公司的季度销售会议上，主管市场预测和销售系统的高级副总裁朱莉·琼斯站起来讲话：

“季度业绩表明，我们目前采取的增加销售收入的假设情景具有局限性，给我们的增长预期带来了负面影响。除非用于员工激励机制的投资回报率超过以佣金为基础的股权激励止损点，否则我们必须基于客户需求对品牌权益进行重新认证。”

人们真的会这样说话吗？可能不会，但可能会这样写文章。这种文章在大公司里很常见，小公司也不例外。管理咨询公司、会计师事务所、政府部门最喜欢用这种“装腔作势”的表达方式。

这些人是真心想与消费者沟通，还是更想显示自己的身份？很明显，我们要做的是，把信息尽可能清楚地传递给消费者，而滥用术语没有任何好处。

我们应当把行业术语跟必要的技术词汇区分开来。如果谈到套期保值，你可能找不到其他词汇来代替“衍生品”，但你如果习惯性地把“铁锹”称作“土壤挖掘工具”，那你得做些改变才行。

无效的写作技巧三：绕弯子说话

绕弯子说话是令文案写作者常常感到困扰的问题。相信我，绕弯子说话不会提高推销成功率。虽然，长篇文案一般来说会比短篇文案更有说服力，但请记住，前提是内容必须有吸引力。

有些文案写作者在被人多灌了几杯酒之后，会承认曾犯过“宏大叙事”的毛病，就好像挥舞着中世纪文人用的鹅毛笔，书写着关于对抗疾病、旧病复发和最终治愈的动人篇章。

很少有人会坦白承认自己爱绕弯子说话。但其实，这是文案写作者最容易犯的毛病，尤其是那些做企业宣传工作的人。

我曾在英国政府部门工作过一年左右，负责编辑内部报告，以供本部门以外的人阅读。麻烦的是，报告是由管理咨询师起草的。下面这句话是典型的绕弯子说话：

“要求对多人进行采访不可避免地给完成时间带来了负面影响。”

你能看懂吗？我认为我看懂了，不过我还是打电话给报告的文案写作者确认了一下。果然，这句话翻译过来就是：

“我们必须采访很多人，所以项目花了更长的时间才完成。”

其他绕弯子说话的例子：

原文	修改后
自我选择	选择
在其间的那段时间里	在……之间
我们的办公室位于曼彻斯特城	我们在曼彻斯特
大约 2~3 年	2~3 年

文案写作案例：绕弯子说话

对格雷格来说，绕弯子说话是一个永远存在的问题。出于自身的原因，他从未发现自己空话连篇的问题。他时常会写出这样的句子：

“我们的意图是，每个季度帮助您了解更充分利用一级和二级客户细分方法和模型的必要性。”

我看不懂。他的衣食父母——消费者——也看不懂。

绕弯子说话的症状其实肉眼可见，如语句冗长拖沓，石板一样的段落铺满整页，打印出来厚厚一本。

对待这样的问题，“做手术”是唯一的办法。我帮他删掉了多余的形容词、老话套话、同义反复、抽象名词、形容词最高级和含糊不清的地方。修改了几稿之后，格雷格的文案终于像样了。

无效的写作技巧四：讲自己的感受

就在我写本章之前，我收到一家测速摄像头探测器制造公司寄来的推销信。

第一句：“我们已经成功开发出令人兴奋的新型摄像头探测器。”

那又怎样？

第二句：“我很高兴能向您介绍有关细节。”

那又怎样？

第三句：“我们为您提供了这么多选择，我相信其中总有一款适合您。”

那又怎样？

考虑到这个合法的小装置能帮你避免被罚款、罚分、禁止上路、多交保费，你肯定会认为，这家公司的总经理本该为这封推销信想出一个震撼的开头。

相反，他掉进了“讲自己的感受”的典型陷阱，很多高级经理或总监在描述自己公司的时候都会犯这个错误。还记得 KFC（本书 P.44）吗？还记得 WIIFM 电台（本书 P.58）吗？

再举一个例子。我曾工作过很多年的一家公司，发布了“大会赞助商招标计划书”。这家公司全球知名，可以给赞助商提供很多展示机会。

所以对这家公司来说，寻找赞助商本不该是难事。几年前，我曾受邀去审阅几份计划书。你知道计划书是怎么开头的吗？“在 1937 年，……”

这几份计划书写于 21 世纪，也就是说，在 1937 年的时候，读这份计划书的消费者可能还没出生。开头部分就此展开，洋洋洒洒，细数公司历史和每一个发展阶段，无外乎就是想告诉消费者，这家公司是白手起家而赢得了今天在全球业界的重要地位的。

在一份 16 页的计划书里，直到第 7 页不起眼的地方才出现了第一处轻描淡写的利益描述，而消费者根本注意不到。

还记得文案必杀技 AIDCA 中的“C”[①]吗？公司的历史和良好记录能够增加文案的分量，文案写作者的意图很明显，这让消费者感到跟我们做生意很放心，但这些内容不能放在文案开头。

我问招商经理为什么这样写，她回答说：

“我们一直都这样写。”

我问她是否认为这样写合适，她回答说：

“我不知道，从没认真想过。”

历史数据可能会提高公司的可信度，但必须简短。出了你们公司，很少有人会对你们公司 40 年前做了什么有丝毫兴趣，更何况那时他们可能还没出生，他们也不会特别关心你们公司的发展状态、目标及管理哲学。

无效的写作技巧五：套用样板文本

对很多人来说，赶时间几乎是常态，而每当我们忙碌不堪的时候，就会找捷径。采取一些省时间的小手段，我们就可以再划掉一个待办事项。在写文案时，有两种方法可以节省时间：第一，复制粘贴；第二，使用所谓的样板文本。

有些人认为，完全可以参照样板文本来写文案的开头和结尾，因为这两个部分并不针对个体，完全可以直接拿来拼接到整篇文案中。

---

① 即“conviction”，说服，见本书第 10 章。

开头第一句是："您作为我们非常重视的客户……"你收到过这样开头的信件或电邮吗？我不仅收到过，而且收到过很多次。

这位文案写作者到底想说什么呢？"我们如此忽视你，以致不想琢磨什么新词，就用这句老掉牙的话打发你。"

结尾最后一句是："请随时联系我。"同样，潜台词是："别联系我。"

样板文本会让消费者感觉不被尊重。为节省时间走捷径，最后写出来的必定是一篇冷冰冰的、毫无感情的文案。同样，复制粘贴也会带来一样的后果。

文案写作案例："复制粘贴病"

凯瑟琳很聪明，构思的文案很有创意，但就是很爱偷懒。比如，她的文案开头一般写得很好，但往往因为抵不住下一个稿约的诱惑，为了节省时间，她就会把其他文案的内容直接复制粘贴到正在写作的文案里。这就是"复制粘贴病"，这是一种最难治的"病"。

下面这个例子选自凯瑟琳的一篇文案。

亲爱的 ×× 先生：

如果您与成百上千的律师一样依赖詹狄士案卷（Jarndyce Files）的话，那您一定十分看重时效、洞察力和判例法案例。

这正是我今天写信给您的原因。

【开头很好，凯瑟琳本该坚持这个思路。但请往下看。】

近年来，集体诉讼呈爆炸之势，是各家律所努力承接的案件。集体诉讼有三个本质特征……

【这里，我们看到了发“病”的症状：语气摇摆不定，跑题去说消费者的职业，文风有明显变化。】

针对凯瑟琳的这种“复制粘贴病”，我给出的治疗方案分三步：第一步，教育。我告诉凯瑟琳，直接复制粘贴其他文案的内容非常危险。第二步，指导。我们一起查看她的日程表，给她留出足够的时间去放松，然后再独自完成文案。第三步，对比。我们把新风格的文案跟染病的旧文案做对比、看效果。最后，她的“病”彻底痊愈，再没犯过。

我想说，如果你赶时间，那就挑不怎么费时间的事情做吧，比如冲杯咖啡或者打个电话。而对于写文案，匆忙写就必定不会有什么好结果。

无效的写作技巧六："激动人心"

跟我一起做个小实验。闭上眼睛几秒钟，想象你见过、做过或者经历过的一件激动人心的事。

现在，睁开眼睛，说说你想到的那件事。是你推销过的产品或服务吗？我觉得不会是。很多文案写作者的生活一定十分无聊，否则怎么解释他们随处滥用"激动人心"这个词呢？

用"激动人心"形容产品到底有什么错呢？如果你在推销乘坐喷气式战斗机旅行，或者是在下次超级碗比赛的中场时间跟鳄鱼搏斗的机会，那你没用错。让我们坦诚一点，坦诚到不留情面。我们大多数人推销的产品和服务绝对不配用"激动人心"来形容。

别误会。也许你的产品可能会给管理会计学带来变革，改变公司划分销售区域的思路，帮助高管降低风险，这些都很好。但是，你的任务是集中精力向消费者详细解释你们是怎么做到这些的。

如果把名词看作战士的话，懒惰的你会给每个名词都别上一枚"激动人心"胸章，然后拍拍肩膀送他上战场。我敢说你一定见过这样的说法："激动人心"的养老计划、"激动人心"的办公室家具设计、"激动人心"的管理信息网络化系统……"嗨，弗雷德，快来看看这个激动人心的墨盒"——

你听到过这些产品的买家转过头去跟同事这么说吗？

与“激动人心”类似的词汇还有**重要、令人惊讶、独特、革命性、好极了。**使用这些词意味着你在夸张地表达你的感情，而不是在唤起消费者的感情。你本该努力激发消费者的特定情感，结果呢，你只是在一味地把你自己的情感倾泻在文案中，指望着这些情感会莫名其妙地转移到消费者身上。但说实话，如果收到一封开头是“亲爱的某某，我写信告诉您关于我们产品的激动人心的进展”的推销信，你会继续读下去吗？

我再问你一个问题：你读完这样的文案感觉如何？不外乎是感到无聊、生气、厌烦，感到被人轻视。因为这类文案反复发出一个信号：“给公司和产品写广告很无聊，我只能写成这样了”，难怪这样的文案不管用。

如果消费者希望看到这些字眼，那没问题。这些词本身都是好词，但只有先让消费者承认你的产品独一无二时才能用。我们又回到产品利益的老话题上。是的，你的真正任务是向消费者说明产品利益，“激动人心”可不是利益描述。

因此，每次你想用“激动人心”之类的词语时，停下来首先问问自己，你的产品是否配得上这个夸张的形容词。的确，利益描述总是比用形容词点缀文案难得多，但这是你必须要写的。总之，我们在对产品进行利益描述时要具体、直白，而不是用“激动人心”之类的修饰词一带而过。**你还要**

记住，没人愿意让他人左右自己的看法。

无效的写作技巧七：幽默

为什么很多人都认为，有效的文案应该多使用俏皮话、双关语和笑话呢？我认为他们是受英国早期电视广告的影响，例如推销 Smash 牌土豆泥方便食品的“Smash 火星机器人”系列、健力士啤酒系列、由琼·柯林斯（Joan Collins）和雷纳德·洛塞特（Leonard Rossiter）出演的仙山露苦艾酒广告等。

幽默用在某些产品上（如土豆泥方便食品）是较为合适的，但在推销 B2B 服务、专业服务、高价值消费品的时候，幽默反而会分散消费者的注意力。消费者或许会开心地笑笑，但不会拿出信用卡购买产品。

那为什么《经济学人》的广告那么幽默呢？有以下两个原因：

第一，《经济学人》的名气太大，你完全不必费劲去说服别人到报刊亭买上一本。

> “我从来不看《经济学人》。”
>
> 管理培训生，42 岁

上面这张海报恐怕是《经济学人》最有名的广告了；毋

庸置疑，它很幽默，但却缺乏内涵。

第二，在幽默背后，暗藏着一句十分打动人心的潜台词：“成功人士会购买《经济学人》。”这听起来很像在描述产品利益，对吗？其实，此类广告与直邮、穿插广告、电视广告和网站促销一样，是品牌整体宣传策略的一部分。

很多全职文案写作者可能一边指摘《经济学人》偷懒的广告创意，另一边又使劲把各种连小丑都瞧不上的蹩脚段子塞进自己无药可救的文案里。

伟大的广告家克劳德·霍普金斯（Claude Hopkins），在1907年就能靠写文案赚到18.5万美元的年薪了。他说过：“人们不会从小丑那里买东西。”

无效的写作技巧八：主观

即便是见多识广的工商界人士，读到一篇新文案时也会感到有点儿头晕眼花。如果你给他们看的是文案初稿，那就更可能这样了。这些人擅长判断某个投资计划能否带来现金流，或者一处新办公场所的空间能否跟上公司的发展速度。但是，他们对文案的判断却是外行。

你经常听到委托方的反应不是“这管用吗”，而是“我不喜欢”或者“我喜欢”。后面这个反应会让你感到欣慰，但重点不在这里，你需要大声对委托方说“谁在乎你喜不喜欢”，从而让委托方对文案的判断从主观好恶转向文案效用。

举个简单的例子。有几家公司测试了在邮寄广告中使用不同字体的效果。他们发现，Courier 字体（相当于中文字体仿宋）总是比 Times New Roman（相当于中文字体宋体）、Arial（相当于中文字体黑体）等更现代的字体更有效果（以上这句话的字体安排即呈现了这三种字体的样式——编者注）。

是的，这是事实，使用 Courier 字体的文案就是比使用 Arial 字体的文案带来更大销量。尽管如此，我们可曾听说营销经理疯狂使用 Courier 字体？公司的企业传播部门有没有发出通告，禁止使用其他字体？

与委托方的主观看法对抗很艰难，但你必须让委托方判断文案优劣，是基于效用，而不是个人好恶。

划重点

△ 有效的写作技巧

1. 关注消费者
2. 简洁
3. 有趣的长篇文案
4. 讲故事
5. 提问题
6. 建立友好关系
7. 新鲜的创意

△ 无效的写作技巧

1. 文笔华丽
2. 滥用术语
3. 绕弯子说话
4. 谈你自己
5. 套用样板文本
6. 过分激动
7. 幽默
8. 主观

第四部分

好了，开始写文案吧

“名不正则言不顺，言不顺则事不成。”

——孔子（公元前 551—前 479），中国哲学家、教育家

第13章

黑魔法和魔力词

我们在第1章讨论过，消费者对自己比对你更感兴趣。如果想吸引他们将你写的文案读下去，你必须关注他们和他们的动机。这让你感到很意外，是吗？

现在让我们回到本章，这里有5个让消费者对你的文案充满无限兴趣的5个“黑魔法”写作技巧，可以用来鼓励消费者将你写的文案继续读下去，即使他们可能已经不想读了。哦，顺便说一句，讲完这5个“黑魔法”之后，我还会介绍能让你的文案变身的6个“魔力词”。

5个吸引消费者的“黑魔法”

1. 黑魔法一：分段列举

人们喜欢读列成清单的内容。如果你承诺要讲三件事，消费者自然希望你真的讲三件。为了让消费者有兴趣读下去，为什么不把这三件事分段说呢？例如：

你从《马斯林论市场营销》中可以获得三样东西。

第一，掌握如何用文字达到最佳推销效果的诀窍。

第二，与全球致力于文案写作的市场营销人士建立联系。

第三，读到全球最佳新创意的摘要。

我猜你读了第一段一定想读第二段，看看这三样东西到底是什么。

2. 黑魔法二：在段落结尾处留下悬念

我们可以在魔法一的基础上更进一步，例如：

第二，与全球致力于文案写作的市场营销人士建立联系。

第三，读到全球最佳新创意的摘要。

这还不是全部……

可以引起悬念的说法还有很多。你可以说：

这就是为什么……

订阅本刊还有一个合理的原因……

为什么要订阅呢？

如果您还没有下定决心，那这个怎样呢？

3. 黑魔法三：在每页结尾处把句子断开

这个技巧利用了人们对完结的需求。如果你的推销信需要翻页，你要让第一页的最后一行是半个句子，例如：

订阅《马斯林与市场营销》之后，有 5 倍的可能……

你可以在页尾处写上翻页提示语（PTO，“Please Turn Over”的缩写）。但即使不写 PTO，我想消费者也一定会忍不住翻页看个究竟。一定注意的是，你务必要告诉负责后期加工的文案编辑，你是故意把本页的最后一句话改成这样的，让他们不要为了看着顺眼就把后半句挪过来。

4. 黑魔法四：承诺后面会有好东西

这个技巧可以将多条故事线写进文案，尤其适用于长篇互联网文案。前几段讲一个故事，后几段讲另一个故事。你可以用“一会儿”来达到这样的效果，例如：

一会儿，我会向您介绍大多数文案写作者在设计订单时容易犯的五大错误，但首先……

通过这个技巧，你可以引导消费者走进你的故事。因为他们很想知道下面的故事，所以一定会读下去。

5. 黑魔法五：翻页提示语

想让消费者读下去，翻页提示语是一个简单但非常有效的手段。写在推销信、手册或产品目录的页面底部的翻页提示语，能够吸引消费者的眼球，并发出强有力的行动号召。但是……

不要写成“请翻页”或者“请您在此处翻页”，你完全可以使用其他更有说服力的表述，例如：

本页背面是关于特别奖励折扣的详细介绍……

翻页后有更多用户好评……

用户评价怎样呢？请看背面……

对您有什么好处呢？在背面……

免费图书详细信息在后页……

看看你的工程师同行们怎么说……

再来看看史密斯夫人的故事……

你应该购买的另外三个理由是……

这样的说法没有穷尽，你可以尽情地发挥想象力和创造力。

如果你稍微了解一下人们的阅读心理，你就可以有针对性地运用一些技巧时刻吸引消费者的注意力。多练习，直到你能纯熟地使用上述 5 个技巧。现在，我们来说说魔力词。

打造优秀文案的 6 个魔力词

下面是能给文案带来魔力的 6 个词语。

1. 魔力词一：简便

20 世纪 80 年代初，我在英国杜伦大学学习心理学。除了学会了怎么喝龙舌兰酒最过瘾之外，我还明白了一个道理——人生性懒惰。

如果你跟消费者承诺，能让他们靠在椅背上、喝着啤酒、看着一本好书，就做成一件事，他们会感激你。所以你要告诉消费者，从你这里买东西不费吹灰之力，你的产品和服务用起来也极为简便。例如：

订购本产品的5种简便方法……

提升文案写作水平的3个简便步骤……

下面这部分很简单……

2. 魔力词二：快

人不仅懒惰，还缺乏耐心。谁买东西还愿意等呢？没人愿意，人性如此。你可能听过一句老话：**“卖草坪，别卖草种。”**直接告诉消费者，他们会在7~10天收到一块郁郁葱葱、柔软舒适的草坪。再看下面两个例子：

翻车鱼牌反应加速器安装快捷……

效果立竿见影，快得你都不敢相信自己的眼睛……

3. 魔力词三：免费

“免费”是出现最早的魔力词。如果正确使用，它的魔力仍旧不减当年。但是如果用得不对，它也会让推销活动彻底失败。一些人不相信这个词的力量，坚持要把它跟“完全”两个字连起来用。呃，醒醒！

我推测，这些人肯定被完全免费的赠品包围了。我建议，最好标出你们的赠品值多少钱，这能让消费者对它的价值有个具体概念。现在，我要给你个忠告：

如果你写的是推销电邮，你必须当心。一定要使用“免费”两个字时，必须要预先测试，看看你的文案会不会因此被当作垃圾邮件。

4. 魔力词四：现在

这个词用处很大。用在标题里，它可以引出新鲜事物；用在行动号召里，它可以给消费者制造紧迫感；用在正文里，它可以把问题变成解决方案。例如：

亲爱的消费者：

过去，因为不够喜欢或者缺钱，您没能买下太阳能铅笔。现在，您可以买了。

5. 魔力词五：请

令人惊讶的是，最有魔力的词往往是我们小时候学到的日常词汇，“请”就是其中之一。你可以说：

请继续阅读，以获取更多有关提高写作水平的便捷方法……

请点击此处了解订阅方式……

如果您希望了解更多，请致电……

平时彬彬有礼的人在写作时也会忽视“请”字的力量，这让我感到很困惑。不过，这样的人可能也不会写“谢谢”。

6. 魔力词六：保证

一般来说，人们喜欢确定性。**人在决定购买的时候，最害**

怕的就是产品与推销人员承诺的不一致。我们需要怎样做才能缓解这种恐惧呢？

你很难保证，对所有买家来说，你的产品与你的描述百分之百相符。但你能做到的保证是，当产品与描述不符时，买家可以退货。这听起来会比它的实际含义积极得多。你说的是："我们的产品有可能不适合您。如果不适合，您可以退货。"而消费者听到的却会是："我们的产品肯定会适合您。"

第14章
爆米花写作法则

我很喜欢拿食物做比喻，我觉得所有的优秀文案让人读起来都应该有一种吃爆米花一样的感觉——简单、有力，而又明快。那么，本章我将介绍能让你的文案读起来“爽脆”的5个爆米花写作法则。

爆米花写作法则一：多用力量型词语，来激发消费者的感情

力量型词语可以把你跟消费者直接联系起来，因为词义不言自明，无须多说。消费者不需要查阅工具书就能读懂。有意思的是，现实写作实践中许多文案写作者发现很难想起这样的词语。

下面是13个我现在能想到的此类词语：

爱

碰撞

现金

最好的

危险

最坏的

呵护

成功

孩子

失败

给予

燃烧

拥护

注意到什么没有？你看见一个长词了吗？你会发现上述这些词都是一两个字的词，有些发音还十分清晰。大多数人容易忽略词的发音，我想是因为他们的注意力主要放在词语的含义上。但是，**最有力量的词语有两个功能：传达概念和强化消费者的行动意愿。**换句话说，这样的词能让消费者更加投入地阅读文案。

我们在写作中往往只注重表达意思，所以在文案的第一稿中，所用的词语往往表义足够清晰，但缺乏闪光点。

在修改的过程中，你要着重把那些软绵绵、老掉牙、松松垮垮的词换成力量型词语。例如：

弱	强
有成本效益的	便宜
消极影响	伤害
理想的	最好的
风险调整	安全
提高待遇	激励
有作用	显著
方便快捷	好用
真实可信	可靠
解决处理	破解

试看用力量型词语写文案吧，它们足可以让你的文案在海量广告中脱颖而出。你可能觉得有些力量型词语并不适用于你的公司或者你的消费者，这没关系，对客户、供应商、合作伙伴该用什么语气、不该用什么语气、你才是最终的决策者。不过，你务必要拒绝平淡无奇的表达方法。

爆米花法则二：多用个性化的词语，让消费者感到有人情味

在第 13 章，我介绍了一些增强表达效果的“魔力词”，其实还有一个“魔法词”，那就是“你”“您”或“你们”（下

面以“你”来进行分析）。

“你”是一个非常奇妙的词。我们在日常对话中会频繁使用，但很多人却不肯在书面写作中使用。如果你接受过学术报告和学术论文的写作指导，教授们肯定告诉过你不可以在报告和论文中使用“你”。

许多传统的写作指南也明确规定：“不得直接称呼消费者，不能在对消费者说话时使用‘你’‘你的’或者‘属于你的’。”（为何如此，后文会谈到）这条规则适用于学术性写作，但对于从事销售工作的人来说，“你”却十分有用。

我本科是学心理学的，你猜那时我发现了什么？大多数人对谁最感兴趣？当然是自己。我们之前讨论过，所以，你要利用人们的自恋心理，多用“你”，少用“我”。例如：

【错误的说法】

“现在订购，我会送给你一份免费的……”

【正确的说法】

“现在订购，你就会得到一份免费的……”

如果你必须要使用第一人称，那么“我”和“我们”比用公司名更理想，因为这两个词会让人感到亲切，有代入感。每个人都希望永远作为个体受到重视，读文案时尤其如此。

文案写作工具箱：三一定律

写文案时，请每用一次“我”，就用三次“你”或“你们”。

爆米花法则三：多用动词，少用名词

还记得你的语文老师吗？他给你讲过动词吗？动词就是表示动作的词。写文案跟写小说一样，描述动作十分重要。**动词让你的写作更富有生机和活力，让你的故事更引人入胜。**而且，动词通常也是力量型词语。

但是，有些人，尤其是管理咨询师，常常倾向于把动词写成名词形式，也就是所谓的“名词病”。例如：

名词表述：我们的特长是IT解决方案的提供。

动词表述：我们专业解决IT难题。

又如：

名词表述：我们专注于绩效的测评、管理和标准化。

动词表述：我们测评、管理并规范绩效。

文案写作案例：“名词病”

啊，是的，“名词病”。我永远忘不了接触的第一位“名词病”病例。患者是一位年轻漂亮的网站管理员，加州人，名叫弗朗西斯。我们一块儿冲浪，喝玛格丽特酒，我们还一块……得了，还是说症状吧。

弗朗西斯所工作的数字社区的同事们认为，要想让消费者读下去，就应该尽量多地使用标题，于是这就成了数字社区的一大奇观。作为一个优秀的互联网文案写作者，弗朗西斯很少犯同样的错误。

但是，弗朗西斯有个问题：她文案中的动词越来越少，名词越来越多，文案语言的力量越来越弱。

“名词病”往往是由显示自己有身份、有地位的欲望导致的，直接原因则是段落中出现了过多的空话。

对弗朗西斯这样的“病人”，我建议“手术”将名词改掉，恢复动词的本来面目。

爆米花法则四：多用日常词汇

人们在想让自己显得聪明或成熟的时候，会避免使用从小到大都在用的日常词汇。这种对日常词汇的不信任，导致人们对生僻词汇分外青睐。这真是让人遗憾，因为后者无一例外都拗口难懂，对大多数人来说很难理解。这不是好事。

在文案写作中，我们要努力与消费者建立联系，使用常用词汇是最佳起点。注意，我不是说要使用“粗陋的语言”，而是要多用那些简单易懂的日常词汇。

人们的一个错误想法是，如果消费者是工商界人士，尤其是公司高管，我们就必须使用某种高大上的语言，如涨工资一定要说成“拿到显著提高的薪酬方案”。

当然，针对不同的消费者，你的文风和语气应该有所不同，但这种不同不是天壤之别。文案写作应该像聊天一样放松，只有在词语不能达意的时候才用成语或词组。

我曾给首席执行官写过很多文案，他们比平常人更忙，更没有时间读文案，所以不要用难懂的长词耗尽他们的注意力。

爆米花法则五：多用肯定的语言，少用否定的语言

在文案中，肯定的语言比否定的语言更容易让人理解，也更容易引发消费者的积极响应，而这正是你想要的结果。

下面是一些否定表达和相对应的肯定表达。

否定	肯定
不要拖延！	抓紧！
如果不满意，我们给您退款。	保证您满意，否则退款。
不要忘记！	记住！
从来没有比这更好的……时候！	现在是……的最佳时机！

第15章

奥威尔写作规则

乔治·奥威尔（George Orwell）在他的论文“政治与英语”（*Politics and the English Language*）中，给写作设定了“六项基本规则”：

（1）不要使用出版物中常见的比喻或其他修辞。

（2）如果常用词即可达意，那就不要使用非常用词。

（3）如果可以减少一个词，尽量将这个词删掉。

（4）如果能使用主动语态，就不要使用被动语态。

（5）如果可以使用日常词汇，就不要使用科学词汇或术语。

（6）宁可打破上述所有规则，也不能过分难懂。

奥威尔主要针对的是学术、文学和政治类写作，但这些规则也可作为文案写作的基本规则。下面，让我们逐个讨论上述六项规则。

规则一：不要使用在出版物中常见的比喻或其他修辞

文案写作者常见的比喻说法，消费者一定也常见。这样的比喻已经失去了视觉冲击力，没法再用。我在阅读文章时喜欢挖掘潜台词，而说套话者的潜台词是："我太懒了，不愿意去想有新意的说法，所以偷个懒，就用这个老掉牙的吧。"

比喻通常给人以强烈的视觉冲击，无论是暗喻还是明喻。暗喻是直接将一种事物称为另一种事物，如"我们如果没完成目标，销售主管就会是一头熊"。如果用明喻的话，这句话就会写成"我们如果没完成目标，销售主管的反应会像一头熊"。

如果使用恰当，比喻会营造生动的画面感，以一种新颖有趣的方式强调你要表达的观点。关键是要新颖。因此，这就需要你做大量的工作，进而找到一个引人注目的比喻。

如果书面文字是你仅有的表达方式，那么寻求并使用恰当的、引人注目的比喻，是你必不可少的工作。无论付出多大代价，你都要避免使用套话，也就是那些用滥了的、毫无感染力的说法。下面，我们分别对二手比喻、错误比喻与套话进行简要讲解。

1. 二手比喻

被人用滥的比喻会给你的文案带来一股隐隐的炒冷饭的味道。你可以含蓄地表达你对一家供应商的信任，但如果你把它夸成“拥有一颗赤子之心”，那就是在帮倒忙。为什么呢？因为，这个说法早已是陈词滥调，让人读起来感觉不过是个说法而已，并没有实际意义。

2. 错误比喻

这个行业正在经历一阵寒风，如果我们不做好准备，就会被淹没。

这项新投资确保我们的竞争优势成为会下金蛋的鹅。

上面两个例句中的比喻存在很明显的不妥，因为我们可能被水淹没，但不会被风淹没。刀锋无论如何也不可能变成一只鹅，不管能不能下金蛋。这都是常识性错误，一定要避免。

3. 套话

每个人在文案写作中都很容易犯说套话的毛病，因为套话本来就是日常用语的一部分。虽然读文案要让消费者有聊天的感觉，但套话还是要尽量避免的。套话主要分为以下三类：

（1）日常用语中的套话

互惠互利

只要功夫深，铁杵磨成针

千方百计

萝卜青菜各有所爱

毫无疑问

（2）商业套话

精心准备

开放思维

双赢

挑战极限

唾手可得

最佳实践

永往无前

估计

全球

战略

（3）可以试着把自己常用的套话写在下面的横线上

____

____

____

____

规则二：如果常用词即可达意，那就不要使用非常用词

我们在童年学习如何用简单的常用词写作文，随着教育程度越来越高，越来越自信，大学毕业的时候我们已经开始用复杂的非常用词表达自己。明明有合适的常用词可用，却

刻意选择非常用词，这时问题就会出现。

大多数人都会在职业生涯的某个时候感染“同义词病毒”。问题在于，他们的免疫系统是否强大，他们能不能战胜“病毒”，回归简单朴实、易于理解的文风。

我想你一定碰到过诸如下面这样的病句：

我们的首要目标是甄别并传播最佳实践。

其实，写作者的本意不过是：

我们要找到自己的优势，并以最有效的方式去分享它。

不要误解，我并不是说一些词语不好；其实，没有哪个词语本身是不好的，但在常用词可以达意的情况下刻意地使用非常用词，这就是一个不好的习惯了。**这表明文案写作者更关心如何炫耀自己，如何自娱自乐，而并没有去关心消费者能不能理解自己的想法。**

规则三：如果可以减少一个词，尽量将这个词删掉

“省略不必要的词。”《文体指南》（*Elements of Style*）的合著者小威廉·斯特伦克（William Strunk Jr）说的这句话，应该刻在每个编辑和文案写作者的额头上。那么，如何才能将这句话应用于文案写作实践呢？

1. 能用名词或动词表达清楚，就不必再加形容词或副词进行修饰

还记得读书时老师讲过的形容词和副词吗？那些给干巴

巴的名词和动词进行润色的词。例如，“一只猫坐在垫子上”可以写成“一只胖乎乎、毛茸茸的猫，懒洋洋地坐在圆形的丝绸垫子上”。

我们儿时爱用形容词的热情，一直跟随我们步入成年，走上工作岗位。但我们却忘记了，其实词汇是十分丰富的，那么多名词和动词本身就足以表义，还能让文章紧凑而凝练，可我们却不常用它们。

上面“一只猫坐在垫子上”的例子，5个修饰词中，有一个是多余的。看你能不能找到？（提示：这个词连同它所修辞的词，可以被另一个词替换掉）是的，就是“懒洋洋地坐”，事实上，我们完全可以用“瘫”来代替。

总用形容词和副词是文案写作者犯懒的表现，请看下面几个准确用词的例子：

不要用“大房子”，而用“豪宅”。

不要用“有远见的高管”，而用“领军人物”。

不要用“一家受尊重的企业”，而用“一家标杆企业”。

再看副词的例子：

不要用“努力地工作”，而用“力争”。

不要用“创造性地思考”，而用“创新”。

不要用“表现令人印象深刻”，而用“出色”。

2. 不要使用没有意义的形容词

如果使用形容词仅仅为了起强调作用，那就会带来其他问题，例如：

一场严重的危机——看来还有轻描淡写的危机

一声大的巨响——想必还有静悄悄的巨响

一场可怕的战争——难道是与美好的战争相对

一项重要的进展——好像你还会谈不重要的进展

在前三个例子里，名词本身足以表义，危机、巨响和战争三个词本来就有严重、响亮和可怕的意思。在第四个例子里，文案写作者想要强调重要性，但没有给出让人信服的理由。这是我们在文案写作中最常见的问题。

取得成就的人自然希望别人高看自己，并且以为使用重要的、必要的、非常有价值的、开创性的、独一无二的和与众不同的之类的形容词能够奏效。然而，事实却恰恰相反，多疑的消费者会自然而然地认为，这就是一次吹得天花乱坠的无聊炒作。

话说回来，哪个消费者看见一派夸夸其谈的文案会不多疑呢？

而现实中，消费者的感觉往往十有八九是正确的。

我们的原则是，形容词可以用来补充信息，但不要用来表示强调，所以上面的例子可以这样写：

一场环境的危机

远处的一声巨响

一场国家内部的战争

一项技术方面的进步

3. 停止啰唆

在说话时，很多人在想好下面要说的话之后，总要再多啰唆几句，以便让自己多点时间喘口气。这样的啰唆措辞绝不能用在文案写作中，因为它们不能增加任何有价值的信息。

请看下面的例子：

啰唆的说法	简洁的说法
就在此时此刻	现在
之所以这样是因为	因为
归根结底是因为	因为
应当指出的是	如上
一对双胞胎	双胞胎
四面环绕	环绕
桔红颜色	桔色
全方位包围	周围
严格监督	监督
紧紧靠近	附近

4. 慎用抽象名词

很多人都会掉进“用形容词修饰抽象名词而不是实义名词”的陷阱，例如：

该网络已经历一次重大更新。

该信息具有绝密的性质。

我们以季度为基础更新这份报告。

如果去掉抽象名词，句子会变成这样：

该网络已经过重大更新。

该信息是绝密的。

我们每季度更新报告。

规则四：如果能使用主动语态，就不要使用被动语态

你知不知道做一个小小的调整，就能让你的文案更简洁，也更有冲击力、穿透力、亲和力和吸引力？哦，你知道？那这部分你可以跳过。还想听我接着说？好吧。我想谈谈主动语态，或者说，我想给你展示一下。请看下面这个句子。

这只猫坐在这个垫子上。

这是主动语态。主语是“这只猫”，随后是谓语“坐”。注意猫与垫子的关系是由动作引发的。

同样的句子使用被动语态后是这样的：

垫子被这只猫坐在了上面。

现在，主语跑到动词的后面，“垫子”成了句子的重点。这个垫子（“坐”的宾语）铺在地上，上面有只猫。这就是被动语态的效果。

再看看句子长度的变化。多出两个单词看起来不算什么，但句子长度白白拉长了三分之一，信息没有任何增加。也就是说，如果你的文案全都采用被动语态，那么篇幅将毫无必要地增加三分之一。

避免使用被动语态还有一个原因：被动语态没有个人色彩，会拉远你和消费者之间的距离。请看下面这封信的开头，看完你就会明白为什么顾客会投诉这家公司。

亲爱的史密斯先生：

很遗憾我们的服务被发现不可接受。一项调查已经开展，调查结果一经用户投诉部提交，我们将认真对待。那时，如何处理您之前提出的退款请求的决定也将被做出。

上面的文字全部使用被动语态。平直的语调和冷淡的语气，感受到没有？知道写作者有多无所谓了吧？看出来你是怎么被轻易打发了吧？其实，公司可能已被你的投诉信深深地触动了，但是他们的文案写作者已被被动语态深深地毒害，故而公司的关切无法准确地传达给你。

上面这段文字本可以写成这样：

亲爱的史密斯先生：

我很抱歉我们提供了无法接受的服务。我已开始着手调查，并将在我们的投诉部门给我调查结果时认真对待。那时，我将就如何处理您的退款要求做出决定。

现在，公司的态度和反应就清楚了。第一句话就表达歉意，承担责任，这就足以缓和事态。

你可以用下列方法检查被动语态：

（1）在你的文本中搜索“被”。很多搜索结果没有问题，但也会有很多是被动语态。如果你有文字处理软件，请点击屏幕上方工具栏中的“编辑”和“查找”按钮。

（2）使用文字处理软件中的语法检查功能，可读性统计信息中包括被动语态使用率。

被动语态使用率越低越好，零使用是最理想的。但是，**不要成为规则和本书中其他量化目标的奴隶，它们不过是起指导作用，你自己的判断力才是决胜的关键。**如果你觉得某句话用被动语态读起来更顺口，那就不要硬改，但前提是你两种语态都尝试过。

规则五：如果可以用日常词汇，就不要使用科学词汇或者术语

那些想显示自己学识渊博的人总喜欢几种语言混用。例如，在 17 世纪的复辟喜剧里，花花公子们时不时冒出几个法语词，就像羊角面包上撒冰糖那样不搭。在文案写作中，我们想把事情写清楚，那就必须用日常词汇。

日常词汇让人一看就懂，还能缩短文案的篇幅，节省消费者的时间。尤其对于互联网文案来讲，这无疑是件好事。

规则六：宁可打破上述所有规则，也不能过分难懂

这其实是我们的“打破规则”卡，意味着你最应该关注你的文案会对消费者产生怎样的影响，听起来是什么感觉。所以，不要强迫消费者苦读，不管你写的多么“正确”；相反，你应该让他们读得轻松愉快。

如何写出完美的句子

九层之台，起于垒土。文章是一句一句写出来的。了解判断句子好坏的标准，会让写的过程变得容易很多。

写出好句子是一门艺术。我先来抛砖引玉。我的首要建议是什么呢？这样说吧：文案写作者和法官有什么共同点？

他们都喜欢短句子。

包括信件、计划书、报告、手册在内，大多数商务写作都有句子太长的问题。研究者认为，**影响理解的最大障碍就是句子太长。**你知道，有的句子开始时十分简单，之后就变得洋洋洒洒、不着边际、谈东说西，永远给不出令人满意的结论，不断挑战你的记忆力（读到这你可能已经放弃了），让你拼命想弄清楚，文案写作者开始写这个“马拉松式”长句的时候，脑子里到底在想什么（这个句子已经足够长了——作者注）。但是，究竟多长才算长呢？

让我们随便说个数字，比方说，你应该把句子的平均长度限定在 16 个词。你试着写只有 16 个词的句子，看看会怎

样？会发生两件事情：第一，你的大脑会爆炸；第二，消费者的大脑也会爆炸。生命如此短暂，我们不能把它花在数每句话有几个词上。幸运的是，你不必这样做。

如果你跟很多人一样使用 Microsoft Office Word，那你会发现，这个软件可以提供每篇文档的可读性统计信息（我将在第 19 章讨论），其中最重要的就是单句平均词数。

现在，如果你对几篇文案进行测试，单句平均词数是 16.3 或者 17.1，那你可以松口气了。但如果你看到 2 或 3 开头的两位数，哎呀，你可有事做了。把你的文案从头通读一遍，找到罪魁祸首。其实，不用太多长句子就能把平均数拉高。改完那些长句子，你就会看到得分神奇地回落到了十几分。

短句子对消费者来说好消化，一看就懂，不费力气。这还意味着，当你偶尔要求消费者略花些力气时，他们拿得出更多的能量和热情。

我说过，16 个词是较为随意的限定，如果你能达到，那很好。当然，如果你能把句子的平均长度控制在 12 个词或更少，那基本可以保证，消费者能准确理解你的意思。记住，这才是有效写作的精髓。

文案写作工具箱：热点

要想对消费者施加影响，请注意句子的最后一个词。这个词最重要，它会留在消费者的记忆里。所以，结尾一定要用力量型词语。下面是正反两个例子：

使用我们的产品，消费者就会很开心。

消费者会感到开心，当他们使用我们的产品的时候。

第16章

语气的处理

我们通常不太在意语气的问题。你生气的时候语气自然生气，高兴的时候语气自然也高兴。你不会故意采取某种语气，语气是你情绪的自然表现。你的情绪会通过你的面部表情、身体语言及语气自然流露出来。

但是，文字没有声音。那为什么文案写作者要在意语气呢？因为在不见面、不通话的情况下，文案是跟消费者建立联系的唯一途径。

一般来说，你的语气应该读起来让人感觉很自然，像是在聊天。虽然容易把一个词重复很多遍，但你还是要选择简单、平实的语言。如果有人在酒吧询问你有关产品或公司的问题，你怎么回答他？把你的回答写下来。记住，本章讨论的是语气，不是文风。所以，你完全可以在后期再去润色文字。

文案写作工具箱：大声朗读

检验语气是否合适的最简单的方法是大声朗读。你愿不愿意把你的文案在电话里或者面对面读给客户听？如果愿意，很好，说明语气合适。如果不愿意，就有问题了。为什么你朗读自己写的东西还难以启齿？还得再下功夫。

改变语气可以改变语言承载的情感意义。下面是语言学意义上的五种语气类型及对应的隐含情感意义。

语气类型	用途	感觉
陈述语气	提供事实	中性
疑问语气	提出问题	开放、感兴趣
条件语气	商议	寻求共赢
祈使语气	指导、命令	颐指气使、权威
虚拟语气	假设	寻求可能性

假设你正在为一场研讨会写文案，你有下面五种语气可选：

【陈述语气】 我们将在下个星期二举行研讨会。

【疑问语气】 你能来参加我们下周二的研讨会吗？

【条件语气】 如果你参加我们下周二的研讨会，你可以免费领取一支笔。

【祈使语气】 请你下周二来参加我们的研讨会。

【虚拟语气】 如果我给你打折的话，你愿意来参加我们的研讨会吗？

语气没有对错之分，但你看得出，不同的语气会让消费者产生略微不同的感受，并做出不同的反应。作为文案写作者，你要根据目标选择合适的语气。

你还可以使用缩写词，如用“你将”代替“你即将要”，用“我已”代替“我已经”。

按照学校教育，我们不能在正式写作中使用缩写词，这会导致很多人再也无法自信地使用缩写词。但对于大多文案类型来说，巧妙地使用缩写词有助于模拟非常重要的谈话语气。

文案写作工具箱：文案写作不是法庭辩论

很多人很喜欢用下面这种写法来显示自己高人一等。

下面，我们能够理解，……

那样，事实已经很清楚了，……

确实，我们可以很确定地说，……

他们平常也这样说话吗？我认为不是，除非你想让自己听起来像自命不凡的律师。

划重点

△ 记住，消费者很容易停止读文案。断开的句子和段落可以帮助你吸引他们读下去。一定要多用“你”和“免费”这样的魔力词。

△ 多用有力量、短小精悍和简单易懂的词语，这会让你的文案读起来简洁明快、干脆利索。

△ 使用自然、温暖、聊天式的语气，就像你在与消费者面对面说话一样。

第五部分

打磨、抛光、定型

“优秀的设计师很少成为优秀的广告人，因为前者醉心于画面的精致，却忘记了产品必须要卖出去。”

——詹姆士·伦道夫·亚当斯（James Randolph Adams，1898—1956），美国广告业高管

第17章
编辑你的作品

终于，你写完了文案的最后一个字。这是不是意味着大功告成了呢？还没有。你完成的只是初稿，绝对不可能送印。而如果你的时间只够写一稿，我劝你干脆别写了。

有人说过："写作就是再写作。"也就是说，如果想写出好作品，你必须把写作看成一个过程。编辑（或者说再写作）是这个过程中的重要部分，是你评判初稿质量的机会。对于初稿，你可能需要审视下列问题：

（1）你使用的语言便于消费者理解吗？能促使他们做出回应吗？

（2）达到你的既定目标了吗（想想你的写作计划）？

（3）语义清楚吗？

（4）语言简练吗？

（5）内容有趣吗？

（6）有模糊不清的地方吗？

（7）版面设计醒目吗？

（8）有没有空话、废话和套话？

（9）解决问题的顺序恰当吗？

（10）使用图表来解释和说明关键点了吗？

应该写多长

常常有人问我："我应该写多长呢？"如果你在营销部门工作，你肯定碰到过和参与过有关长文案还是短文案的争论。

我的答案是，需要写多长就写多长，然后果断停笔。**初稿可以写得长些，因为往长了写比较容易。**写的时候，你不需要编辑，也不要过多考虑语言是否优美，语气是否恰当，只管把你所有的想法都写下来。初稿完成后，你再去编辑，或更直白一点，直接删减。

如果初稿写得太短，你在后期编辑的时候可能还得补充内容，以达到篇幅要求。这样做有两个弊端：第一，初稿的所有内容，无论好坏，你都不得不保留；第二，后期添加内容可能会造成结构性问题，破坏整体流畅度。

为什么要删减

对达到既定目标没有帮助的内容，应该一律删除。

如果你在写推销信，那你的既定目标就是让消费者下订单，任何与此无关的内容都是多余的，必须删除。如果你在写商业报告，那你的既定目标就是说服董事会为项目的下一步工作拨款，任何会让董事觉得不该再给你拨钱的内容都必须删除。

何时可以定稿

我说过，一稿是不够的。那需要多少稿呢？想要有 50% 的机会实现你的目标，**至少需要三稿。**不要担心，我没有说后面两稿需要完全重写。重写是拿出纸笔，从头开始。之所以要写三稿，是为了弥补写作计划的不周全。所以，你在修改的时候，必须紧盯目标，抓住要害。

这三稿的重点是这样的：

一稿：初次尝试，放开手脚写，不用顾及太多。

二稿：检查错别字。

三稿：打印出来校对。

但这种编辑方式太过简单。没有删除多余的章节和段落，更别说多余的文字；没有调整语气；没有尝试改进结构和文风。你最多只算是编辑了一遍文案，消灭了文字上的错误。

如果你想要有 75% 的成功概率，我认为应该有五稿：

一稿：初次尝试，放开手脚，不用顾及太多。

二稿：比照写作计划做出评估。

三稿：检查结构是否合理，是否有多余的章节、段落和文字。

四稿：检查语气、比喻、有新意的说法、文风、标点等。

五稿：打印出来，检查错别字，校对。

你需要大刀阔斧地修改，光修改边边角角是不行的。你在修改草稿的时候，应该按顺序使用下列工具：

草稿序号	修改工具
1	链锯
2	绿篱剪
3	大剪刀
4	剪刀
5	手术刀

记住，写文案像给农作物施肥一样，应遵循效用递减规律。每一稿都是对上一稿的改进，但改进的幅度随着稿数的增加而减小。

在某个时间点上，你有可能会发现，编辑后的文案反而不如上一稿，尤其是在很多人伸手乱改一气之后。请看下面的曲线图：

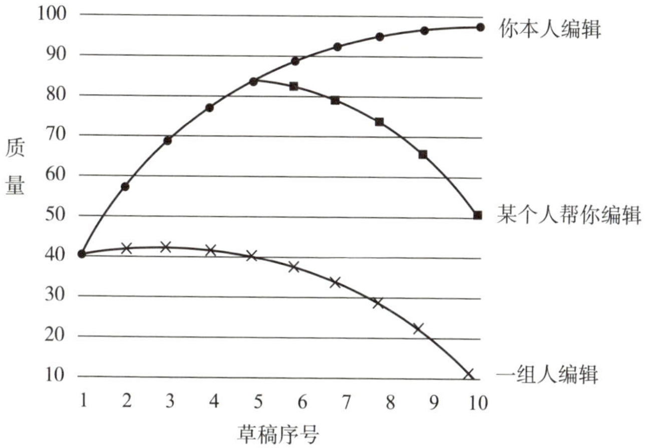
100
90
80
70
60
50
40
30
20
10
质量
1 2 3 4 5 6 7 8 9 10
草稿序号
你本人编辑
某个人帮你编辑
一组人编辑

文案质量变化曲线图

第18章
校 对

是的，我们就快要到达目的地了。你已经写出了一稿，修改了一稿，又编辑了一稿。现在，你需要再检查一遍。如果是电子邮件，那就需要检查两遍至三遍。

你知道吗，我总是想不通，为什么有些精明能干的人，写完电子邮件之后，懒得再看一眼就点击“发送”。我是怎么知道他们没再看一眼的呢？因为我确实收到过把客户名字拼错的电子邮件。你以为客户会怎么想？“我很在乎您？”不会。“您的光顾对我很重要？”不可能。“我想让您知道，我很尊重您？”省省吧。

事实上，你的潜台词是：“嘿，我是在跟你说话，但我太重要了，哪儿都离不了我，所以忙得没时间检查是不是把你的名字拼对了。不过我认为，不管拼得对不对你都会买我的产品。”最近，有人问我，糟糕的商业文案是否会给公司带来损失。答案是肯定的，**公司的销量、商誉和名声都会因糟糕的商业文案而受到不同程度的损害。**

下面我们讲讲如何来避免这种糟糕的结果。

首先，你要习惯于把文案打印出来，在纸上进行校对。阅读打印稿不会那么累眼睛，并且有助于你集中注意力。此外，阅读打印稿会比较缓慢，但唯有这样做你才会认真仔细地审阅文案。我曾建议别人把电子邮件打印出来校对，结果对方认为我脑子不正常，大叫说："这样太慢了。"

正是这样的人把带有错别字的报告发给了自己的老板。的确，检查错误的过程是十分缓慢的，但总好过一封有错别字的电邮留给消费者的坏印象吧。

其次，你要在校对和成稿之间空出一些时间，最好隔一天。如果你没有一天的时间，至少也要隔一个小时。如果刚刚写完文案就进行校对，你的大脑仍然处于机械状态，会导致你看到的打印稿就是你想要的，即使有错误也看不出来。

有个办法可以缩短这个间隔。给自己找一个校对伙伴，两个人互相校对。这样，你写完之后可以马上交给他校对。当然，前提是你的校对伙伴一整天没有别的事情做，专门等着你对他说"帮我校对这篇文案行吗，我需要11：30之前发出去"。

文案写作工具箱：逐项检查

在校对时，最好一次检查一项。例如，第一次检查错别字，第二次检查语法，第三次检查标点符号，第四次检查用词，最后一次检查不正常的行距和字间距。这样，你的大脑不会因为同时检查多个项目产生混乱、造成疏漏。相信我，逐项检查有助于找到更多错误。

你也可以按照文案的组成部分逐项检查。例如，依次检查章节标题、段落标题、引文、脚注、图形、标注文字、图片说明文字、超链接、正文等。

检查错别字

错别字最能暴露文案写作者的无知或懒惰。当你把带有错别字的文案呈现给消费者时，你的潜台词是："我不在意你，所以不会费劲去检查错别字，你自己检查好了。"这简直是对消费者的侮辱。

检查错别字不是点点鼠标就能完成的。电脑软件的错别字检查功能虽然很好用，但也有很大的局限性。因为只要不是特别明确的错别字，字词就能通过软件的错别字检查，不管这个词是不是你想写的词。

在检查错别字时，人们大多会出现一个同样的问题，就是很心急。当你终于写出一稿的时候，你不愿意再多看一眼。所以，当你轻松地启用软件的错别字检查功能时，就会轻易地、不加思考地接受“全部修改”的建议。

如果我总爱写错别字怎么办

并非人人都能避免错别字。如果你正好不擅长于此，那也没关系，做好检查即可。下面介绍一个小窍门。

买本好字典。如果你不确定某个词怎么写，马上查字典。这是一个好习惯，还能增加你的词汇量。

当然，如果某个你不会写的词让你感觉十分生僻，或许你应该考虑用一个常用的词来代替。

另外，我认为，错别字没有标点符号错误严重。错别字不会影响表义，但标点符号错误可能会让人把意思弄反。因此，我们一定要养成用电脑软件和人眼，仔细审看查找错别字和标点错误的习惯。

文案写作工具箱：消灭错别字五步法

如果你没时间校对自己写的文案，那你可能入错行了。试试做电话销售吧，没人能听出你说了错别字。

任何落在书面上的文字都需要检查。记住，你没有发现的错误会被其他人发现，这相当于主动暴露自己的无知或懒惰。

下面是我检查错别字的“黄金五步法”：

1. 将文案打印出来。
2. 从结尾处开始反向校对。
3. 从页面底端向上校对。
4. 从右往左校对。
5. 用纸盖住前一行。

上述方法可以阻碍大脑识别一大段文字的含义，强迫大脑每次只处理一个词。把校对速度放慢到你 6 岁时的阅读速度，逐个检查每个词，这样会更容易发现错别字。

第19章
检查可读性

检查可读性是修改过程中最容易也最有效果的阶段。检查可读性目的是让你的文案更容易被消费者理解。很显然，你的文案可读性越高，消费者购买的可能性也就越高。

其实，根本不需要自己检查可读性。你会用鼠标吗？当然会用。假如你使用的是 Microsoft Office Word ，那就按照下面的方法做。这个方法，老版本基本也适用。

点击“Word 选项”，打开“校对”菜单，这时你会看到“显示可读性统计信息”的选项，请在此选项前的方框内勾选。现在，每次你进行错别字检查之后，都会得到可读性统计信息。如下图：

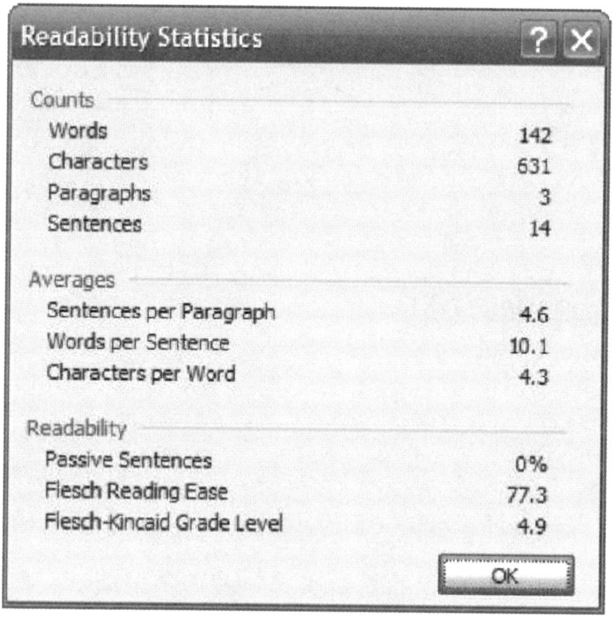

（此图片由微软公司授权使用）

上面的示例给出的是本部分前三段的可读性统计信息，基于我们在第 3 章中关于句子平均长度的讨论，我的文章并不符合标准。

□ 被动句：显示被动语态的使用率。哇哈，我的使用率是零！

□ 弗莱士阅读舒适度（Flesch Reading Ease）：这是世界知名可读性专家伦道夫·弗莱士博士（Dr Rudolph Flesch）开发的一套公式。该公式基于句子长度和长单词的数量，计算出阅读舒适度的得分。分数越高，可读性越高。

一般文章的可读性为 60 分。

□ 弗莱士—金凯德年级阅读水平（Flesch-Kincaid Grade Level）：与美国学校不同年级的阅读水平相对应。7.0 分表示 7 年级、12 岁左右的学生能够阅读。

这并不是说消费者的年龄是 12 岁，也不是说消费者的阅读水平相当于 12 岁的儿童。请记住，你的消费者并没有为阅读你的文章做什么投入，所以他们不太可能会全身心地关注你的文案。这就意味着他们的有效阅读水平低于实际阅读水平。因此，简单易懂的文案总是容易让忙碌的人即便在精力不集中的时候也能理解。

如果你的弗莱士阅读舒适度得分不高，比如低于 50 分，那基本可以肯定，问题出在句子长度上。请通读全文，把长句子挑出来。你可以把它们一分为二或一分为三，再找找是否有不必要的非常用词。如果你习惯使用“烂醉如泥”和“乐于助人”，而不是“酒醉”和“帮助”，那么改正这种习惯，就能轻松提高文案的可读性。

使用简单易懂、可读性高的词汇来表达自己，这会逐渐成为你的第二天性，你想不这样做都难。

第20章
排版——你能做些什么

本章讨论的不是如何写作，而是文字在页面或屏幕上怎样呈现。千辛万苦写就的文案，你当然想确保消费者能看得清楚明白。

我会介绍一些简单的方法，可以让排版效果达到最佳。有些方法可以方便消费者阅读，让他们眼睛不累。当然，你还要避免一些令人望而却步的排版方式。

善用导读工具

1. 目录

如果你写的是报告或文字较长的宣传册（多于8页），你应该考虑列目录。很多文案写作者忽视了一个事实：目录是有史以来最简单、最有效的导读工具。

请为消费者列出目录，以便他们直接找到和阅读感兴趣的内容。这很重要，因为你为消费者节约了时间。

此外，目录不但要列出内容，还要列出页码。所以，记得给你的文案编页码。如果你把广告页设计成A4纸大小，在目录里你应该用虚线将内容和相对应的页码连起来。

2. 脚注

有时候你需要对技术性词汇等做注释，或说明统计数据和评论的来源。你可以将相关内容以括号的形式嵌入正文（注释前后各用一个半括号），但这会破坏句子的流畅性。何况，括号里的内容不过是背景信息而已，不适合出现在正文里。

这时，你可以使用脚注。在正文中添加脚注编号，然后在页脚添加带有编号的注释。

3. 彩色编码

彩色编码可以有效地把一篇长文档分解成几个容易处理的部分。在邮寄广告或公司宣传册中，你可以将彩色编码与目录结合起来，让消费者瞬间就能够看到一套清晰的视觉目录系统。这种做法广泛运用于产品目录。

4. 箭头

如果你想指向一个人或一个地方，你可以画一个箭头。

5. 图形

为了突出显示某些内容，你可以把关键词或短语制成示意图，如三角形、爆炸星形、椭圆形。消费者很容易先注意到图形，所以你可以利用图形，让消费者第一时间把握你的主要观点。

一定要确保版面设计师所使用的图形跟你的文风、语气，特别是目标消费者的期待相匹配。

不管你是自己设计版面，还是聘请设计师来帮忙，都免不了要使用图片。最低档次的是剪贴画，最高档次的是原创的照片和插图。我认为图片可以给你的文案增光添彩，增强视觉吸引力。无论你用哪种图片，你必须首先回答以下问题：

（1）使用这个图片的目的是什么？

（2）有助于消费者理解文案吗？

（3）能够吸引消费者吗？

大多数情况下，图片似乎纯粹是装饰；然而，这显然是不够的，我们还需从以下三个方面进行讨论：

（1）图片俗不俗？

广告中、手册里、网页上，到处都能看到时钟、齿轮、非洲猎豹、棋子，还有英俊潇洒的商业大亨握手或面对电脑屏幕微笑的图片。你完全可以选到更好的图片，代替它们。

（2）图片下有没有说明文字？

看到图片之后，消费者马上就会去看说明文字，所以，说明文字中非常适合做点儿隐形的推销。

（3）你选的图片消费者一看就能懂吗?

如果消费者看不懂图片，就会感到厌烦，你的图片就是无效的。

6. 标题

我们在第 10 章讨论过标题的设计，这里我们要谈的不是标题的内容，而是标题的格式。你需要确定一个标题格式，然后全文统一——这很重要。例如：

（1）一级标题：黑体，20 磅，粗体。

（2）二级标题：楷体，16 磅，粗体。

（3）三级标题：宋体，14 磅，粗体，斜体。

保持样式一致可以为文案建立秩序，引导消费者阅读。每当消费者看到新的二级标题，他们就会知道自己读到了新的一章。如果看到新的三级标题，他们会知道自己读到了同一章里的新内容。

7. 字号

一般来说，字号的设定有两个因素：第一，文字要足够小，从而保证合理的单页字数；第二，文字也要足够大，这样消费者才不需要拿着放大镜来阅读。

有的版面设计师会使用极小的字号，把你精心写就的文案缩成一小块，放在一大片刺眼的白色背景上。他们又不是消费者，更别说会买产品了。

我的建议是：如果使用 Arial 字体（对应中文的黑体），字号不要小于 10 磅；如果是 Times New Roman 字体（对应中文的宋体），不要小于 11 磅；如果是其他字体，看起来要与其他字体的字大小相当。

清除阅读障碍

我们不仅要注意标题、字体和字号，还要考虑整体布局，舍弃那些妨碍阅读、影响理解的排版方式，比如：段落两端对齐、右对齐、居中、反色，等等。

商业文案要想做到易于阅读，最好的段落对齐方式是左右对齐。

文字居中的排版虽然比较醒目，但每行的起始位置都不同。这会很累眼睛，还可能让消费者一不小心就会漏掉一两行。

采用反色相当于告诉消费者干脆别看了，因为要看清这段文字需要费很大力气。我们从小学习如何在白底上阅读黑字，我们每天阅读的报纸和书籍也是白底黑字。所以，不要颠覆传统，否则就是自寻烦恼。

也有例外情况。如果是在光线较暗的地方（如在一个昏暗的报告厅里阅读节目单或幻灯片），最好还是采用暗底白字。

另外，有意打乱排列文字的设计十分愚蠢，但还是有人这样做。

尽量要避免使用的排版方式

1. 断开的项目符号

创建项目符号是分解大段叙述、突出重点的好办法。请注意，同一级的所有项目必须列在上一级标题下面，同时列表不得跨页，避免下一页的顶端出现几个离群的“孤儿”（零星几个单词或几行字）。如果出现这种情况，要么删减项目，直到某一页的剩余页面能够放下所有内容；要么重新排版，把所有项目放在一页。

2. 超长的段落

严格来说，段落不是文章的长度单位，段落应该根据内容的需要来划分。换句话说，该多长就多长。什么时候把内容表达清楚了，什么时候就可以结束段落。不幸的是，这种方式可能造成段落过长，好像一块石板铺满整页，让消费者厌烦。

如果段落长度达到五行或六行，分段是合理的。如果是互联网文案，在达到两行或三行时就应该分段。当然，这只是一个随意划定的界限。你完全可以自己判断段落是不是太长，会不会让消费者感到枯燥。其实，不在一段里把想法表达完整也有积极作用，那就是强迫消费者继续读下一段。为什么呢？

正如我们在第 13 章中讨论过的，这是人的基本需求，对完结的需求。我上面那段就用了这个方法，用“为什么呢”来结束段落。

一旦你掌握了这个技巧，你就可以不露声色地通过合理分布的问题、吊人胃口的新鲜想法和承诺，来引导消费者。

3. 糟糕的颜色搭配

就像前文所说，产生最佳可读性的颜色搭配是白底黑字，高端版本是淡黄色背景配深蓝或深灰色文字。

白底黄字或白底浅灰字几乎让消费者无法辨认，但我确实见过这样的搭配。还有一些颜色组合，如绿底红字，也不适合长时间阅读。

加入文案小白21天训练群
领取训练专用资料
50位读者共同提升文案写作技能
群类别：文案训练
入群指南详见本书第198页

第21章

版面设计
——版面设计师需要做什么，不能做什么

版面设计师能够决定一篇推销文案的成败。他们在字体排列、留白、网站导航等方面的知识和感觉，可以增强文案的感染力，让消费者们清楚深刻地接收到你想要传达的信息。

版面设计师需要做什么

罗斯·斯派尔斯（Ross Speirs）是我所共事过的最优秀的设计师。我们有超过15年的合作，曾一起为英国标准学会（British Standards Institution）做过邮购广告，为《实用大篷车》（*Practical Caravan*）杂志做过广告。我们现在仍有日常合作。

跟其他设计师不同，**他真的会去阅读我的文案。**这对文案

写作者来说是件好事。通过阅读，设计师能够把握文案的重要信息，对某些句子或词语进行突出处理，如拿出来作为标题、引文或品牌口号等。

罗斯的设计能最大限度地确保我的文案易于阅读，这是他的目标。更难得的是，他会问我这篇文案的目的是什么。为了了解他的设计理念，我们利用电子邮件进行了如下沟通：

我：为什么应该聘用版面设计师？

罗斯：与聘请木匠或者电工一样。合格的版面设计师经验丰富，能够运用排版、图形元素等让文案变得连贯、易读，这是一项需要经过多年锤炼才能获得的专业本领。热衷于自己做版面设计的文案写作者，往往会在细节上露出马脚。

我：文案写作者应该聘请什么样的版面设计师？

罗斯：受聘者应该具有与当前项目相关的经验，理解文字、叙事、结构的重要性，能够全面掌握文案的功能，明确其既定目标：文案以什么形式呈现？谁是目标消费者？文案写作者希望消费者有什么反应？

我：好的版面设计师怎样帮助文案写作者实现目标？

罗斯：阅读和理解文案。好的文案会给设计师带来灵感，设计出让文案变得鲜活的版面。好的设计师能利用经验，改进文案的结构，突出叙述的重点。

我：好的版面设计师对文案最大的贡献是什么？

罗斯：让文案变得易读。

我：你怎么判断设计的优劣？

罗斯：你几乎察觉不到刻意设计的痕迹。整篇文案读起来让人轻松愉快，理解毫无障碍。

我：在聘请版面设计师时，文案写作者最应该问的问题是什么？

罗斯：你有多少回头客？

版面设计师不能做什么

为求妙笔生花，文案写作者花了大把时间，盯着屏幕冥思苦想。那么，怎么会有那么多人愿意把自己的文字托付给艺术总监和网页设计师呢？要知道，这些搞设计的人活在世上，好像就是为了让作品看起来很“酷”而已。

要记住，**版面设计师是为你工作，千万别把位置搞反了。**你绝不能允许设计师在你辛苦写就的文案上，发挥天马行空的艺术想象和实践令人眼花缭乱的时尚概念。

幸运的是，我合作过的设计师大多富有灵感或能激发别人的灵感，也都能充分理解文案写作者与设计师合作的必要性。有时候，我也会收到其他设计师发来的设计样本，但其中的设计十有八九让人欲哭无泪。

版面设计毁掉优秀文案的方式多种多样，最有破坏力的莫过于以下三种：

1. 难以填写的产品订单

我首先提到产品订单，这可能让你感到意外，但我一向对产品订单很痴迷。为什么呢？哦，我也不知道，或许是因为能收到钱？

最让我头疼的是，有些版面设计师缺乏设计简易表格的能力，或过于超然，根本不考虑消费者会不会对文案做出反馈。把信用卡卡号填写框设计成极小的圆圈，把需要消费者剪下来才能使用的优惠券设计成八爪鱼的形状，这样的设计确实新奇，但都以损失实用性为代价。

我的建议：产品订单上填写框一定要足够大，优惠券要两下就能剪下来。

2. 排版惨不忍睹

有一个不起眼的事实，在版面设计师的圈子里几乎没人知道，那就是：人的视力会随着年龄增长而减退。

六号以下的字号对大多数消费者来说是难以阅读的，如果是互联网文案，再加上对比度不够、彩色图片上配白色文字、文字背景上配白色文字，那情况就更糟糕了。真不明白为什么会有人这样设计。

公司的形象识别指南也该受到诟病，这种指南编制起来耗费巨大，里面的排版规定可笑之极，比如要求全文居中、不管正文长短均使用黑体等。把这样一本大部头的指南摔在任何一个员工的办公桌上，不到一个星期就会被丢在一边。

我的建议：字号要足够大，保证消费者不必拿着放大镜去看。除非公司形象识别部门的统一排版要求是合理的，否则不必理会他们。

3. 花哨空洞的照片

一位男士站在一间精心布置的办公室里，但画面里看不到任何纸张。他拨开软式百叶窗的叶片，俯视楼下街道上看似蚂蚁大小的工人。他咬着设计师款眼镜的镜腿，手拿一部时髦的黑色手机打着电话，同时面带迷人的微笑，手指着面前笔记本的显示屏。他的手可真忙。

这是推销养老金计划的广告？不是。快递服务？不是。衬衫？电脑软件？泳衣？……我真的不知道，因为大约有8.2万个广告使用了上述照片。

我的建议：给客户看你要卖的产品，使用原创图片。**要是谁再把面带微笑的高管加到你的广告设计里，你就打他，除非你推销的就是面带微笑的高管。**

划重点

△ 写作就是再写作。第一稿不可能过关，所以在做计划时要留出编辑和修改的时间。

△ 你必须进行校对，包括电子邮件。请将文案打印出来校对。

△ 要养成检查可读性统计数据的习惯，努力获得更高的分数。

△ 版面设计和文字排版是文案写作的重要工具，如果运用得当，能够极大增强文案的感染力。

△ 让版面设计师充分理解你的目标，以确保版面设计能够帮助消费者理解文案，并做出响应。

第六部分

然后呢

“他们说做不到完美，然后又说熟能生巧。我希望他们能想好了再说。”

——温斯顿·丘吉尔（1874—1965），作家、英国前首相

第 22 章

提高文案水平的建议

本书讨论的一些概念、观点和技巧，是我能够在广告业长久做下去的原因。**多了解，多练习，多运用，你就会成为一名优秀的文案写作者。**这里的关键词是“**练习**”。写作可以令人愉悦，文案写作也不例外。这跟园艺或弹钢琴能让人高兴是一个道理：都需要付出劳动。在这一章，我会就提高文案水平给出几点建议。

建议一：阅读，大量阅读

著名的英语语言学家约翰逊博士（Samuel Johnson，1709—1784）[1]曾说过，业余写作者是写作多于阅读的人。他的意思是，要想成为一名优秀的写作者，你必须向优秀作家

① 塞缪尔·约翰逊，英国作家、文学评论家和诗人。他编写了历史上第一部英语辞典，对现代英语产生了深远影响。

学习。通过阅读优秀的作品，你就能潜移默化地吸收学习写作技巧，提高写作水平。接下来的问题是，读什么呢？只要广泛阅读优秀作家的作品即可。以下是我的推荐，帮你开个头。

1. 杂志

《经济学人》（*The Economist*），以精准分析和清晰文笔闻名于世。

《纽约客》（*The New Yorker*），与《经济学人》相比，文风更加自由，商业味道也少一些。

2. 报纸、期刊

你如果想读明快犀利的英语，非英国的《太阳报》（*The Sun*）莫属。很多人对《太阳报》不屑一顾，但它的文章无人可比，而且语法很准确。

如果你想学习复杂的长句和深奥的词汇，你应该阅读《泰晤士报文学增刊》。我不能保证里面每个字你都认识，但其中的文章绝对是上乘之作。

我心目中的优秀作家太多了，很难列全，最有代表性的包括：广告文案界的大卫·奥格威、德瑞东·伯德（Drayton Bird）、沃尔特·威因斯（Walter Weintz）、罗伯特·伯莱（Robert Bly），小说界的斯蒂芬·金（Stephen King）和厄休拉·勒奎恩（Ursula LeGuin），等等。

3. 小说

关于小说，你的个人喜好比我的推荐重要得多。但是，为什么不试试你通常不太关注的作者、体裁或某个时期的作品呢？拿起一本看看吧。谁知道呢，没准你会喜欢上。我最喜欢的小说作家包括查尔斯·狄更斯（Charles Dickens）、安东尼·特罗洛普（Anthony Trollope）、简·奥斯丁（Jane Austen）、约翰·厄普代克（John Updike）、乔纳森·萨弗兰·福尔（Jonathan Safran Foer）、乔治·桑德斯（George Saunders）、菲利普·罗斯（Philip Roth）、玛格丽特·阿特伍德（Margaret Atwood）、雷蒙德·卡佛（Raymond Carver）、乔伊斯·卡罗尔·奥茨（Joyce Carol Oates）、伊恩·麦克尤恩（Ian McEwan）、威廉·特雷弗（William Trevor）、缪丽尔·斯帕克（Muriel Spark）和彼得·凯里（Peter Carey）。

建议二：你需要练习

在纽约第五大道的一个建筑工地前，一位身材矮小的老妇人停下来问工地的一名工人："年轻人，打扰了，请问我怎么能到卡内基音乐厅去？"（How do I get to Carnegie Hall），这句话既可以理解为"去卡内基音乐厅怎么走"，也可以理解为"我怎么能到卡内基音乐厅去演奏"。工人说："女士，你需要练习。"

写作也需要练习。按照约翰逊博士的思路，只有勤奋练笔才管用，否则，你永远只是个业余写手。但怎样去练习？意味着你要多写吗？还是有其他更有效的方法？你首先要搞清楚自己在做什么。

大多数广告人都把工作时间花在了炮制文案上，却从未认真思考过自己在做什么。我们忙于赶进度，没时间去琢磨如何选词、排列语序、调整标点符号和语气。但是，这些元素确实非常重要。下面是几条关于练笔的建议：

（1）想要练笔，你首先需要认识到练笔也是写作。别人怎么看待写作，你就怎么看待。我认为最好的方式，**是把文章打印出来（无论内容和形式如何），然后放一晚上。**我知道你面临截稿日期，工作十分忙乱，不可能每篇文章都放上一晚再看。但是，只要你有稍微长一点的时间，一定要尝试这样做。**等你回头再看的时候，你要带着批判的眼光仔细读。**你可以拿本书讨论过的内容对照检查——标点用得怎么样？句子和段落的长度如何？文笔流畅吗？表达清楚吗？有没有歧义？

（2）找出最近写的几篇文案，看看在不损失重要内容的前提下，你能把它们缩减到多短就到多短。结果往往会让你大吃一惊。

（3）给自己找一个写作伙伴，与他交换文章互相审读。分别写一篇短评，互相交换，说明你喜欢哪里、不喜欢哪里、原因是什么。

（4）着手去写一篇文案时，先制订一份写作计划并遵照执行。请相信，制订计划所花费的时间，是远远少于之后写作过程中省下的时间的。当文案内容已经确定，你就可以全身心地投入文案写作，这时你会发现写起来容易多了。

（5）每篇文案都要查看可读性统计信息，每次修改之后还要再次查看。只要修改的方向正确，可读性得分会不断提高。在这个过程中，你会发现具体指标对可读性的影响。

（6）看了别人的文案后，把你认为有说服力的段落摘录下来，包括可以促使消费者下订单的段落，还有各类文案写作图书中提到的内容，这会让你仿佛拥有了那些高手的手、眼和头脑。这个方法十分有效，几百年来，全世界最伟大的作家都用这个方法改进自己的写作。画家也会这样做——他们经常在画廊里临摹前辈大师们的作品。

第23章
怎样给外聘的文案写手提供文案概要

如果你掌握了本书介绍的各项写作技巧，那么你现在已万事俱备，只差一点——那就是时间。你可能正忙于维护一家大客户，负责一项工作流程，管理一个团队或部门，甚至经营一家公司。你有太多的待办事项，而我只有一项，那就是文案写作。

有时候你需要（也希望）自己动手写文案，但当你需要别人帮你校对或替你写的时候，你还是需要外聘一位文案写手。这时，好的文案写手会请你提供一份文案概要，最好是书面的。

到底什么是文案概要

从本质上来讲，文案概要包括你本人、你的公司及产品的基本情况，更重要的是你的目标客户和潜在客户的情况。

文案概要还应该告诉外聘的文案写手你想达到什么目标，但原则上你不应该告诉他怎样去达到这个目标——那是他的事。就像你总不会买了一条狗，然后自己汪汪叫。但令人不解的是，有些公司非常热衷于告诉文案写手写什么、怎么写，最后还要把人家的文案彻底推翻重写。

文案概要的关键作用是书面记录你对文案写手的要求。换句话说，它是你与文案写手之间的合作合同的基础。如果文案没有达到文案概要的要求，你有理由要求返工。如果达到了要求，但不符合你的风格，那么你可以与写手协商。关于语气或文风问题，只要你不更改其他事先约定的事项，好的文案写手会愿意修改。

一定要与文案写作者见面吗

不一定。我的委托方分布在纽约、维也纳、布鲁塞尔、中国香港地区等世界各国及地区，但我从来没见过这些人。需要联络沟通的时候，我们可以使用电话、Skype、电子邮件、视频会议等即时通信工具。不过，能见面总是好的。毕竟，期待与合作伙伴见面是人的本能。

如果约好会面，双方一定要事先商量好议题，不要把彼此的时间浪费在没有重点的闲聊上。

文案概要里应该放哪些内容

想放什么就放什么。但是，文案概要应该帮助文案写手了解完整的购买链，也就是产品从设计开始，最终怎样到达客户手中。好的文案写手会给委托方提很多问题，我常常请委托方完成下面这份标准调查问卷，你也可以根据自己的需求调整其中的要素。

××公司营销文案概要

委托方：
委托方联系人：
活动或产品名称：
完成日期：
创意要求综述：
附件：

文案概要一般包括如下内容，其中，（10）至（16）仅与版面设计和印刷有关。

（1）**消费者信息**。请提供尽量多的有关目标消费者的细节，如针对人群的年龄、职业等信息，并回答下列问题：

- ☐ 消费者凌晨三点还无法入睡是为什么？
- ☐ 消费者想要什么？
- ☐ 消费者希望哪些事情少一些？
- ☐ 消费者如果按照你的想法行动会发生什么？
- ☐ 消费者如果按照你的想法行动不会发生什么？

☐ 消费者如果不按照你的想法行动会发生什么？

☐ 消费者如果不按照你的想法行动不会发生什么？

（2）**整体目标**。也就是你的最终目标，比如促使消费者来电询问或购买、向客户或潜在客户传达信息、建立对品牌的认知和偏好、争取回头客等。你想让消费者知道什么、感受到什么、决定做什么？

（3）**产品信息**。其包括产品类型、产品名称、品牌名称、规格等。

（4）**独特的销售主张**。产品的竞争力体现在什么地方？产品有哪些独特之处？有哪些优点和缺点（如果有的话）？

（5）**产品利益**。如果购买产品，消费者的生活会有哪些改善？产品的哪些方面与消费者相关？

（6）**销售策略**。你想要怎样达成目标？采取哪种活动方式？为什么？宣传渠道是什么？线上、线下，还是线上线下相结合？

（7）**目标媒介**。电子邮件、数据库、杂志、报纸、网页、广告页等。

（8）**进度安排**。需要什么时候完成第一稿？什么时候完成文字终稿和设计成稿？

（9）**公司的核心价值观和定位**。我们要展示什么样的公司形象？严肃权威？时尚有趣？高端矜持？友好可靠？还是上述某几种的组合？

（10）视觉效果和创意。在进入版面设计阶段之前，需不需要做视觉或另类创意处理？你有什么现成的想法？

（11）排版。有没有一定要用或绝对不能用的特定字体？从你们的营销要求或公司要求的角度来说，有没有特定的排版要求或编辑原则？

（12）颜色。我们要用多少种颜色？有没有一定要用或绝对不能用的颜色？有没有使用颜色的特定方法？如封面使用纯色背景等。

（13）版面和格式。印刷材料有没有特定的规格要求？例如，4 页 A4 纸、8 页 A5 纸，还是 6 页 DL 信封[①]折页。如果是邮寄广告，要使用多大的信封？要不要营造与众不同的感觉？例如，活跃、开阔或轻松。

（14）图形。必须使用哪些图形元素？例如，标识、截屏图、图表、插图、照片等。从哪里获得这些素材？专业图片公司还是委托方？

（15）软件。你们的打印机与哪些软件兼容？

（16）其他事项。

正确对待文案修改

在过去几十年里，我写过不计其数的文案。写最初的 10

① DL 信封为国际信封规格的一种，尺寸为 22 厘米 ×11 厘米。

个文案的时候，我是公司的文案写作专员。那时，没有人说过喜欢我的作品，我太可怜了。后来，我成为一名独立文案写作者，开始听到源源不断的赞许。为什么呢？我不知道，可能人们更相信“外来的和尚会念经”吧。

文案写手把第一稿交给委托方之后，他会感到紧张。他希望你们喜欢他的作品，也喜欢他这个人。他会担心你们不喜欢。他为第一稿投入大量的时间和精力，所以就算是坏消息，他也迫切希望在听到坏消息之前得到一点安慰。

所以，如果你们想与外聘的文案写手建立牢固的合作关系，我建议你们一开始要想办法给他积极的反馈，让他心存感激。然后，你们再循循善诱地告诉他，哪些地方还需要改进。

注意，需要做出的改动可以分为两类。一类是文案写手自身的原因造成的，比如他没能充分了解你们的产品、公司、客户或卖点。这是文案写手的错误，他应该无条件地免费修改。

另一类则是委托方自身原因造成的，比如在文案写手已经完成并上交第一稿之后，委托方对销售活动或文案本身的想法发生了改变。即便如此，文案写手仍应该做出修改，但委托方应该额外付费。所以，这又回到文案概要的问题上了。委托方的想法如果没写在文案概要里，就不可能在文案里得到体现。

第24章
写在最后

人们预言“书面文字即将消亡”已有一段时间。人们曾以为，电话会对它造成威胁，互联网会将它杀死，手机会在它的残骸上欢呼雀跃。事实如何呢？恰恰相反，现在人们使用书面文字比以往任何时候都要多。

如今，坐上火车，你的邻座很可能在打字而不是看书。开会的时候，很可能有人在用手机发送电子邮件。打开手机，看看过去几小时里你收到多少条信息。

尽管我没有一开始就讨论这个问题，但我写本书的目的就是帮助你们提高文案写作水平，没有别的。

没错，我想帮你卖出更多的产品，帮你赚更多的钱；没错，我希望你写出创造销量的文案。同时，**我更希望文案创作能在文字世界里昂首挺胸、扬眉吐气。如果我们容忍粗制滥造的文案，那么文案写作将永远抬不起头。**

一条文字粗糙的新闻报道、一封有错别字和标点错误的电邮、一本满篇陈词滥调的宣传手册……这些都是对文案写作这项工作的亵渎。“文盲公司”的广告页有着如同三岁小孩的文笔，却针对二三百万的消费者投放。或许有些消费者认为文案就该写成这样，或许他们自己也使用这样糟糕透顶的写作方式，或许他们的孩子耳濡目染也会效仿下去。但这种情况很不妙。

不管写情书还是写推销信，好的文笔永远让你立于不败之地。即便你写文案单纯是为了推销产品，也应该让人读起来感到愉悦。

好文案当然会促进商品的销售，但是除此之外，创作出一篇文字清爽、内容新鲜、有说服力的文案，你也会像我一样，因此感到自豪、愉快和满足。

划重点

△ 通过大量而广泛的阅读，提高写作水平。

△ 练习新技巧，关注写作本身，而不仅仅是写作内容。

△ 找一个愿意提出建议、与你互评的写作伙伴。

△ 如果你打算外聘一名文案写手，一定要给他提供一份文案概要。

△ 记住，文案写手希望先听到好消息。

附录 1　文案写作参考书目

关于商务文案写作的参考书有很多，同时还有成千上万的电子期刊、网站和博客。给自己总结出一份参考书目很有乐趣，也很有意义，我的书架上有以下这些书：

Concise Oxford English Dictionary（Oxford University Press，2006）

The Economist Style Guide：*The bestselling guide to English usage*（Profile Books，2005）

Oxford Thesaurus of English（Oxford University Press，2006）

Drayton Bird，*Commonsense Direct Marketing*（Kogan Page，2000）

Drayton Bird，*How to Write Sales Letters That Sell*：*Learn the secrets of successful direct mail*（Kogan Page，2002）

Robert W Bly，*The Copywriter's Handbook*：*A step-by-step guide to writing copy that sells*（Owl Books，2007）

Dorothea Brande, *Becoming a Writer* (Jeremy P Tarcher, 1981)

RW Burchfield, *Fowler's Modern English Usage* (Oxford University Press, 2004)

John Caples, *Tested Advertising Methods* (Prentice Hall, 1980)

GV Carey, *Mind the Stop*: *A brief guide to punctuation* (Penguin Books, 1971)

Sylvia Chalker and Edmund Weiner, *The Oxford Dictionary of English Grammar* (Oxford Paperbacks, 1998)

James Cochrane, *Between You and I*: *A little book of bad English* (Icon Books, 2005)

David Crystal, *The Cambridge Encyclopedia of the English Language* (Cambridge University Press, 2003)

David Crystal, *The English Language*: *A guided tour of the language* (Penguin Books, 2002)

Dianne Doubtfire and Ian Burton, *Teach Yourself Creative Writing* (Teach Yourself Books, 2003)

John Fraser-Robinson, *The Secrets of Effective Direct Mail* (McGraw-Hill Publishing, 1989)

Eric Gill, *An Essay on Typography* (Theosophical University Press, 1993)

Sir Ernest Gowers, *Complete Plain Words*: *The classic desk companion for clear writing* (Penguin Books, 1987)

Claude C Hopkins, *My Life in Advertising & Scientific Advertising* (McGraw-Hill, 1986)

John Humphrys, *Lost for Words*: *The mangling and manipulation of the English language* (Hodder and Stoughton Paperbacks, 2005)

Graham King, *Punctuation* (Collins, 2000)

Stephen King, *On Writing*: *A memoir* (New English Library, 2001)

Damon Knight, *Creating Short Fiction*: *The classic guide to writing short fiction* (St Martin's Press, 1997)

Elizabeth Knowles, *The Oxford Dictionary of 20th Century Quotations* (Oxford University Press, 1999)

Elizabeth Knowles, *Oxford Dictionary of Quotations*: *The favourite guide to wit and wisdom past and present* (Oxford University Press, 2004)

Ursula K LeGuin, *Steering the Craft*: *Exercises and discussions on story writing for the lone navigator or the mutinous crew* (Eighth Mountain Press, 1999)

Graeme Mc Corkill, *Advertising That Pulls Response* (Mc Graw-Hill Publishing, 1990)

David Ogilvy, *Confessions of an Advertising Man* (Southbank Publishing, 2004)

David Ogilvy, *Ogilvy on Advertising* (Random House, 1987)

David Ogilvy and Joel Raphaelson, *The Unpublished David Ogilvy: His secrets of management*, *creativity and success—from private papers and publicfulminations* (Crown, 1987)

David Oliver, *101 Ways to Negotiate More Effectively* (Kogan Page, 1996)

Eric Partridge and Janet Whitcut, *Usage and Abusage: A guide to good English* (Penguin Books, 1999)

Flyn L Penoyer, *Teleselling Techniques That Close the Sale* (Amacom, 1997)

Adrian Room, *Brewer' s Dictionary of Phrase and Fable* (Cassell, 2001)

Victor O Schwab, *How to Write a Good Advertisement* (Wiltshire Book Company, 1985)

Sol Stein, *Solutions for Writers*:

Practical craft techniques for fiction and non-fiction (Souvenir Press, 1999)

William Strunk, *Jr and EB White*, *The Elements of Style* (Long-man, 1999)

Alan Swann，*Basic Design and Layout*：*Principles and techniques of graphic designdemonstratedin step by step projects*（Phaidon Press，1987）

Lynne Truss，*Eats*，*Shoots and Leaves*：*The zero tolerance approach to punctuation*（Prohle Books，2005）

JanTschichold，*The Form of the Book*：*Essays on the morality of good design*（Hartley and Marks，2006）

Nick Usborne，*Net Words*：*Creating high-impact online copy*（McGraw-Hill，2001）

ESC Weiner and Andrew Delahunty，*The Oxford Guide to English Usage*：*The essential guide to correct English*（Oxford University Press，1994）

附录 2　本书的可读性统计信息

下图是我完成本书第一版第一稿时的可读性统计信息：

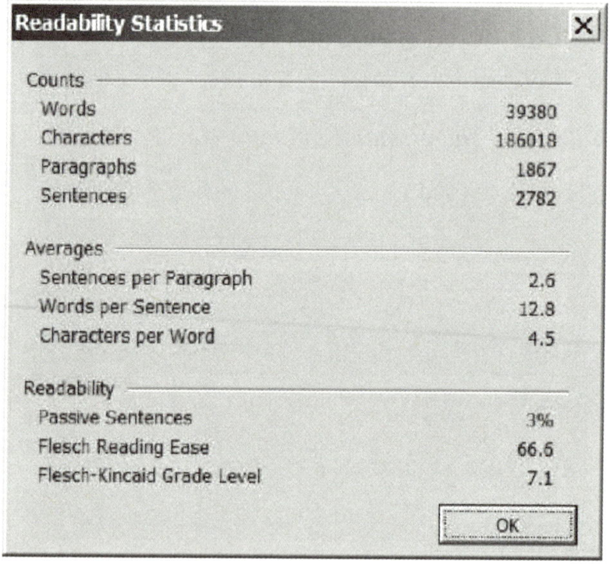

（此图片由微软公司授权使用）

看看我的得分。每句平均包含 13 个单词，远远少于普通消费者理解的上限（我知道，亲爱的消费者，你绝不是普通消费者）。

全书共 2782 个句子，其中仅有 3% 使用了被动语态。

弗莱士阅读舒适度得分为 66.6，非常不错，超过了日常英语 60 分的基线。

弗莱士—金凯德年级阅读水平为 7.1，也就是说，有 12.1 岁阅读水平的人就能看懂我这本书。

致　谢

给遍布全球的委托方创作文案，让我积累了大量的经验，如果没有他们，我就不可能写成本书。

在撰写本书的初期，有几位亲友不惜花大量的时间，阅读了本书的初稿并提出了宝贵意见——经济学人集团（The Econo-mist Group）的莎莉·比伯（Sally Bibb）鼓励我别再拖延，开始动笔；罗斯·斯佩尔斯，既是我的朋友，也是一位才华横溢的设计师，他就有关版面设计的章节提供了很多重要的帮助；从我成立翻车鱼公司起，我的妻子、公司的商务总监乔·马斯林（Jo Maslen）就一直给我提出睿智的建议，包括给本书的建议。

此外，我的文创公司合伙人斯科特·凯泽（Scott Keyser）帮助我形成了有关商务写作要点的想法。

我与马丁·刘（Martin Liu）、珀姆·松卡查迪（Pom Somkab-charti）及名创团队的合作十分愉快，他们提出的有关本书出版的合理建议令我受益匪浅。

最后，感谢两位广告界和直销界的重要人物——大卫·奥格威和德瑞东·伯德，他们的著作始终是我的灵感之源。

感谢你们所有人。

本书配备读者阅读交流群!

建议配合二维码一起使用本书

使用说明

本书配有读者阅读交流群，群内提供读书活动和资源服务，帮助读者提升读体验。读者可根据需要加入喜欢的交流群，在群里与书友一起互动交流。

入群步骤

1 用微信扫描本页二维码

2 根据提示，选择加入感兴趣的交流群

3 入群参与读书活动并领取阅读资源

群服务介绍

读者可以根据不同需求加入相对应的群

群类别说明	群功能介绍
地域	根据地域划分，读者匹配相应区域入群，与同地区的书友进行沟通交流。该群人数约为100人/群。
读书话题	本书提供读书话题供读者思考，群内读者可就编者或作者提供的读书话题展开思考，并可在话题群里与其他读者展开讨论。话题群读者人数一般为10-50人。

获取本书阅读资源
提升读者阅读体验

微信扫描二维码
加入本书交流群